Bayern
Bavaria
Bavière

Dear Annette! Dear Paul Andrew!

Bavarian greatings to your marriage! compared with an invitation
to come and see yourselves!

God bless you and your love forever!

love yours Ulrike

Bayern

Bavaria Bavière

Einführung · Foreword · Préface
Benno Hubensteiner

Süddeutscher Verlag

Schutzumschlaggestaltung unter
Verwendung von vier Farbbildern von
Gertrud Scharfenorth (Vorderseite), Bernd
Murrmann, Manfred Meuser, Siegfried
Scherrer und Gerhard Nixa (Rückseite) aus
dem Band: »Unbekanntes Bayern im
Bild«, Süddeutscher Verlag 1981.

Mit 120 Farbbildern der Bayerischen
Schlösserverwaltung (31), von Erika
Groth-Schmachtenberger (22, 24, 26, 118),
Foto Löbl-Schreyer (1–5, 7–21, 23, 25,
27–29, 32–43, 45, 46, 49–64, 67, 70, 72, 76,
79, 87, 90, 93, 101, 102, 104–117, 119, 120),
Werner Neumeister (6), Ursula
Pfistermeister (65, 66, 68, 69, 71, 73–75,
77, 78, 80–86, 88, 89, 91, 92, 94–100) und
dem Süddeutschen Verlag (44, 47, 48, 103).

Bildlegenden: Süddeutscher Verlag
Übersetzung ins Englische: Patricia Goehl
Übersetzung ins Französische: Monique
Kirmer

1987 · 23.–32. Tausend

ISBN 3-7991-6140

© 1982 Süddeutscher Verlag GmbH, München
Alle Rechte vorbehalten
Printed in Germany
Satz: Fotosatz Otto Gutfreund, Darmstadt
Druck: Wenschow-Franzis-Druck GmbH, München
Bindearbeit: Conzella, München

Bayern
Benno Hubensteiner

Für einen, der von außen kommt, ist Bayern zunächst ein farbiges Stück alpenländischer Folklore. Überall grüne Plüschhüte, Sepplhosen und Blaskapellen; die Dirndl mit wehenden Röcken und strammem Mieder; nichts als Bieranzapfen, Jodeln, Schuhplatteln, Kammerfensterln-Gehen und Wirtshaus-Raufen. Motto: »Mir samma dö lustinga Holzhackersbuam...«

Bei näherem Zusehen merkt man freilich, daß dieses Bild höchstens zum bayerischen Oberland paßt. Und auch dazu nur sehr bedingt. Daß es, genaugenommen, ein Klischee ist, aufgesetzt für den Fremdenverkehr, das Bauerntheater und die Fernsehleute. Dieses Bayern ist nämlich im Kern ein alter, gewachsener Staat, einer der ältesten in Europa, und ausgerechnet eine liberal-soziale Regierungskoalition hat vor fast dreißig Jahren an allen Grenzübergängen das eigensinnige Wappenschild »Freistaat Bayern« aufstellen lassen. Hat es grad extra neben den alt-neuen Bundesadler hingerückt.

Ein Blick auf die Staatenkarte Mitteleuropas zeigt, daß dieses Bayern etwa genau so groß ist wie das heutige Österreich und fast doppelt so groß wie die Schweizer Eidgenossenschaft. Und die Karte der Bundesrepublik Deutschland weist diesem Freistaat Bayern immerhin unseren ganzen Südosten zu. – Bayern als einem der wenigen Länder, das schon immer dagewesen ist und nicht erst aus der Besatzungsretorte von 1945 gekommen ist. Ein geschlossener, in sich gerundeter Landblock also, von der Iller bis zu Inn und Salzach, vom Spessart bis zum Karwendel: versteckt im Schatten der Alpenwand, gesichert durch die böhmischen Wälder, gedeckt durch das Gewinkel der deutschen Mittelgebirge. Schwerlinie aber ist die Donau. Sie sammelt die Wasser vom Fichtelgebirge bis zur Silvaplana, gleitet in leichten, kaum merklichen Übergängen ins Österreichische hinüber, hat schon den Nibelungen den Weg gewiesen. Der Main im Norden kommt nicht ganz auf gegen soviel breitströmende Kraft. Die Donau schickt ihm ihre Nebenflüsse weit hinauf entgegen, läßt es nur ungern zu, daß ihrer bestimmenden West-Ost-Achse in Nordbayern eine Ost-West-Achse entspricht, die das Land mit dem Rhein verklammert und der Nordsee statt mit dem Balkan und dem Schwarzen Meer.

Nun, am Main siedeln Franken. An der oberen Donau Schwaben. Eigentliche Bayern haben wir nur in jenen drei Regierungsbezirken, die man gemeinhin als »Altbayern« zu bezeichnen pflegt: nämlich in Oberbayern, in Niederbayern und in der Oberpfalz. Wie die Deutschen ein Volk von Stämmen sind, so sind es auch die Staatsbayern von heute. Und auch der bayerische Staat hat seine inneren Bruchlinien und Verwerfungen, ist erst in einer langen Geschichte zu dem erwachsen, was er heute ist. Das ist keine Schande und wertet nicht ab. Kein europäischer Staat hat vor tausend Jahren so ausgeschaut, wie er sich heute auf der Karte präsentiert.

Die Baiern

Klar ist eines: daß der Historiker seinen Grundriß mit den Altbayern beginnen muß, denn sie haben dem ganzen Staat den Namen gegeben und das Bleiben durch die Zeiten. Statt »Altbayern« kann man auch »Baiern« sagen und mit dem einfachen Ai ausdrücken, daß man den Stamm meint. Eben die »Baiwari« oder »Baiowarii«, die wir um die Mitte des 6. Jhs. zum erstenmal quellenmäßig fassen können, und zwar in einem Kernraum, der von der oberösterreichischen Enns bis zum Lech reicht, von der Donau bis zum Alpensaum. In weiteren Stößen geht dann die Siedlung hinein in das Land im Gebirg, das später einmal »Tirol« heißen wird, oder hinauf in den Nordgau, die nachmalige »Oberpfalz«. Jedenfalls, der engere Stammesraum prägt sich in den historischen Atlanten als ein ungefüges Fünfeck aus, das hier eingebeult wird, dort ausgebogen, aber in der deutschen Geschichte doch so etwas wie eine konstante Größe bleibt. Denn die eigentliche Tat des alten Baiern zwischen Herzog Tassilo und den Kaisern des hohen Mittelalters: das Aufschließen des heutigen Österreich bis in die fernsten Alpentäler hinein – vom Staat her gesehen bleibt es eine Episode. Das Neusiedelland zeigt nämlich von Anfang an eine starke Tendenz zur Selbständigkeit, die 976 mit der Loslösung Karantaniens erstmals da ist, 1156 mit der Erhebung der Donaumark zum eigenen Herzogtum vollends durchschlägt.

Trotzdem bleibt immer noch die Frage, wo denn die »Baiwari« des 6. Jhs. eigentlich hergekommen sind. Wahrscheinlich aus dem Osten, aus dem sagenhaften Lande »Baia«. Genau wissen wir es nicht. Auch nicht, ob sie in Schüben eingewandert sind oder im Fluß eines Jahrhunderts eingesickert. Vielleicht sind sie überhaupt erst zwischen Donau und Alpen aus den verschiedensten Völkersplittern zu einem Stamm zusammengewachsen. Aber Germanen waren sie auf jeden Fall. Und Bauern, gutmütig, jähzornig, sinnenfroh, aufwenderisch und abergläubisch wie noch heute. Neben den Niedersachsen haben sie das geschlossenste und das trotzigste Stammesherzogtum im fränkisch-deutschen Reich ausgebildet und unter Tassilo III. im 8. Jh. und unter Arnulf dem Bösen im 10. Jh. die volle Unabhängigkeit fast erreicht. Auf das Reich aber sind sie erst dann mit beiden Händen zugeschritten, als einer der Ihren Kaiser wurde: 1002 Heinrich II., der Heilige, aus der

»bairischen Linie« des ottonischen Hauses – vorher als Herzog Heinrich IV. Kaiser Heinrich ist nicht zufällig der Gründer des Reichsbistums Bamberg: zwar im Mainland gelegen und aus den älteren Sprengeln von Würzburg und Eichstätt herausgeschnitten, dotiert er es mit einer Fülle von Gütern an Donau, Isar und Inn.

Schwaben und Franken

Von Altbayern aus betrachtet sind also Schwaben und Franken zunächst ein Draußen. Die Schwaben sind dem großen Stamm der Alemannen gleichzusetzen, der um 260 nach Christus endgültig den römischen Limes durchbricht und bis zum Bodensee drängt. Im selben 5. Jh., wo sie dann das heutige Schweizer Mittelland aufbrachen, besetzten sie auch den Streifen zwischen Iller und Lech: die Schwaben sind also bereits da, als die Baiern auf dem Plan erscheinen, und der Lech ist eine fließende Grenze. Heute noch reicht ja der schwäbische Dialekt bis zum Ammersee, und das alte Bistum Augsburg kommt mit seinen vorgetriebenen Dekanaten bis zur oberen Isar und zur unteren Paar. Nur daß die Alemannen früher und eindeutiger als die Baiern unter die Botmäßigkeit des Frankenreiches kommen und schon 746 mit der Exekution von Cannstatt das eigene Herzogshaus verlieren. Wenn unter Odilo oder Tassilo der bairische Heerbann gegen den Frankenkönig aufgeboten wurde, stand man am Lech. Aber gerade aus der Weitläufigkeit des Frankenreiches heraus ist auch eine gewisse Verselbständigung der Prellzone zwischen Iller und Lech zu erklären. Hier erwuchs die Sonderstellung der älteren Welfen, faßten dann im Hochmittelalter die Staufer mit ihrem Hausgut festen Fuß.

Wenn die Schwaben ein eigener Stamm sind, für die Baiern von Anfang an Nachbarn und nahe Verwandte – das Mainland ist eine Außenposition des Großreichs der Franken, die eigentlich an Schelde und Niederrhein sitzen. Sozusagen ein Stoßkeil, hineingetrieben zwischen die deutschen Altstämme rechts des Rheins, die Sachsen und Thüringer im Norden, die Alemannen und Baiern im Süden. Das Volkstum in dieser Außenbastion war zunächst eher thüringisch. Am Obermain gab es sogar Slawendörfer. Erst im langsamen Fluß der Jahrhunderte haben wir dann so etwas wie die »Verfränkung« des ganzen Raumes zwischen Jura und Thüringer Wald, zuletzt sogar das Herüberwandern des Namens »Ostfranken« von den Rheinlanden in die Mainlande hier. Klar, daß auf diesem Boden ein eigenes Herzogtum von vornherein keine Chance hatte. Franken ist das Königsland, das Reichsland schlechthin. Höchstens, daß die Bischöfe von Würzburg seit dem 11. Jh. eine herzogsähnliche Gewalt aufzubauen suchten, ja den Ehrentitel des »Dux Franconiae« noch im 18. Jh. in ihre barocke Prunkresidenz einbringen konnten und damit in den gemalten Himmel des Giovanni Battista Tiepolo.

Gemeinsamkeiten und Abschattungen

Seit Kaiser Heinrich II., dem Heiligen, ist die Reichsidee für Altbayern wie für Neubayern gleich verbindlich – Reichsland hier, Reichsland dort. Noch rücken auf dem Domplatz von Bamberg »die Adler nächtlich Haupt und Flügel«, werfen die Rößlein »ihre blanken Eisen wie Silbersicheln in die blaue Luft«. Und um 1200, als unter den Stauferkaisern die höfische Dichtung ihrem Gipfel zustrebt, stehen Walther von der Vogelweide und Wolfram von Eschenbach auf ihrer Mittagshöhe, vielleicht doch beide Baiern dem Stamme nach, aber beide auch eingelebt in das fränkische Land.

Die großen Dynasten, die das Imperium tragen und seine höfische Kultur, Männer wie etwa die Grafen von Andechs-Meranien, sitzen in Altbayern wie im Mainland. Das Reichsbistum Eichstätt aber markiert die Dreiländerecke, ist bairisch, schwäbisch und fränkisch zugleich.

Überhaupt, wenn man die alte Kirchen- und Diözesanordnung des Landes ins Auge faßt: jetzt kommt zwar Bamberg neu hinzu, aber die Bistümer, wie sie stehen, hat alle schon der heilige Bonifatius im 8. Jh. organisiert. Und bereits vor Bonifatius waren die iro-schottischen Wandermissionare dagewesen und hatten dem Christentum selber zum Durchbruch verholfen. Kilian in Würzburg, Erhard in Regensburg, Korbinian in Freising, Mang in Füssen, als Zeitgenosse und Gegenspieler des Bonifatius noch der große Virgil von Salzburg. Wenn man in Bayern heute noch »Grüß Gott!« sagt: es ist die Lehnübersetzung des Grußes der altirischen Klostersprache – »Go mbeannaighe Dia dhuit!«

Das Kaisertum als gemeinsamer Nenner des Bayern von heute, darunter Kirche und Christentum, noch tiefer das längst verschüttete römische Imperium. Lange bevor man nämlich von Baiern, Schwaben oder Franken wußte, waren schon die Römer im Land gestanden, hatten für ein halbes Jahrtausend das ganze Leben bestimmt. Augsburg, Regensburg und Passau sind Römerstädte und alte Vorposten der Mittelmeerkultur. Und vor den Römern waren schon die Kelten dagewesen, hatten dem Land zwischen Alpen und Main ihre frühe Feudalkultur aufgeprägt mit den allerersten stadtähnlichen Siedlungen und umwallten Tempelbezirken, den sogenannten »Vierecksschanzen«. Die »Kontinuität der bayerischen Geschichte« – genaugenommen beginnt sie mit den Kelten und dem vierten Jahrhundert vor Christus.

Aber gerade diese Kontinuität differenziert auch wieder. Die Kelten am Main wichen nämlich schon im letzten Jahrhundert vor Christus den vordrängenden Germanenstämmen aus. Um die Alpengrenze zu sichern, waren die Römer gezwungen, mit dem Sommerfeldzug des Jahres 15 v. Chr. wenigstens die Donaukelten in ihr Imperium hereinzunehmen. Wieder die Donaulinie: diesmal als Grenze gegen die Germania magna, denn der steinerne Grenzwall, der Limes, sprang nur so weit vor, daß lediglich eine kleine schwäbisch-fränkische Teillandschaft den altrömischen Provinznamen bewahren konnte – »Raetia«, aus dem unser »Ries« geworden ist. So hat eigentlich nur das Land südlich der Donau den echten Zusammenhang von den romanisierten Kelten hinüber zu den einsickernden Baiern und Schwaben. Zwar nicht die strengen Historiker, aber dafür die scharfäugigen Essayisten haben schon immer den keltischen Einschlag im baierischen Stammeswesen gesehen: Phantasie, Formenfreude, die Lust am Auftrumpfen, Rankeln und Raufen, die Pferdenarretei wie im Rottal, im Innviertel oder um den Samerberg.

Das Landesfürstentum

Vielleicht ist das heilige, übernationale Reich des Mittelalters, das sich selber wie eine Erneuerung des römischen Imperiums empfand, im Grunde nur eine große Idee gewesen und ein schöner Traum. Jedenfalls, als mit den Hohenstaufen das glanzvollste aller Kaiserhäuser unterging, splitterte sich das Reich gerade dort, wo alles Königsgut war, auf in lauter kleine und kleinste Herrschaften.

Wir haben auf einmal die bunte Vielfalt Schwabens. Vor allem aber Frankens. Zwei weltliche Gewalten, die hier miteinander rivalisieren: nämlich die große Reichsstadt Nürnberg und ihre Burggrafen, die Zollern, die unter und ober dem »Gebürg« ihre eigenen Markgrafschaften ausbauen, später nach den Vororten »Markgrafschaft Ansbach« und »Markgrafschaft Bayreuth« benannt. Daneben die drei Reichsbistümer Würzburg, Bamberg und Eichstätt. Dazwischengekeilt, im Geschiebe und Gedränge, die kleinen Reichsstädte und Grafschaften, die Reichsritter und sogar ein paar Reichsdörfer. Und die Kleinwelt spiegelt sich wider in der Dichte der Städte, in der Erbteilung der Höfe, im Gartenland um Bamberg, in den Weinbergen um Würzburg mit ihren Einfangmauern und Rebenhäuschen.

In Altbayern dagegen bleibt das eine Herzogtum, das alte Fünfeck, das die Wittelsbacher zum neuen Landesfürstentum umprägen können. Ein Territorium, wo Stamm und Staat sich immer noch decken, mit einem hohen Himmel und weiten Grenzen. 1268, als die Staufer erlöschen, tut dieses Bayern das Hausgut des jungen Konradin ein: es war der erste Sprung über den Lech.

Nur gegen die Bischöfe kamen die Wittelsbacher nicht ganz auf. Gegen den Augsburger so wenig wie gegen den Freisinger oder den Regensburger. Alle behielten sie ihre theokratisch regierten Stadtstaaten. Und der Salzburger und der Passauer konnten im Land zwischen Bayern und Österreich regelrechte geistliche Pufferstaaten aufbauen, die heute noch ihre ganz eigene Kulturnuance bedeuten.

Um das »Land im Gebirg«, um Tirol, aber wurde herzhaft gewürfelt, und die neuen Herzöge wichen nur Schritt für Schritt. Kaiser Maximilian mußte noch 1504 das feste Kufstein in Trümmer

schießen, um zu den heutigen Grenzen zu kommen. Und wo immer im Oberland einer heute auch wandert: hinter den Bergen ahnt er Tirol.

Die Wittelsbacher

Sie waren eigentlich Grafen aus dem Westen des Landes, ursprünglich nach Scheyern benannt, der Stammburg, die sie zu ihrem Hauskloster machten. Und sie waren jähzornig und fromm, gewaltige Jäger vor dem Herrn, überhaupt tapfere Leute, von leicht berührbarem Temperament wie der Stamm selber. Die unentwegte Treue zum staufischen Haus trug sie 1180 zur Herzogswürde empor, und als Territorialpolitiker erwiesen sie sich von eiserner Konsequenz. Sie wußten, daß ein Dorf an der Grenze wichtiger ist als ein Königreich in weiter Ferne. Nur einmal, mit der welfischen Heirat und der Belehnung von 1214, wagten sie den Sprung hinüber zur Pfalzgrafschaft bei Rhein. Aber auch diese Pfalz hielten sie über die Jahrhunderte hin fest – eine Verbindung, die Bayern sicher mehr einbrachte als bloß den Welfen-Löwen im Wappenschild. Und Ludwig der Bayer dann, der große Förderer der Bettelmönche und der Städte, trug von 1314 bis 1347 als erster seines Hauses die deutsche Kaiserkrone. Er liegt in der Fürstengruft der Münchner Frauenkirche begraben.

Freilich, auch die Wittelsbacher haben, genauso wie die Luxemburger, die Habsburger oder die Wettiner, das einmal errungene Territorium als eine privatrechtliche Sache aufgefaßt. Sie teilten ab und sie stritten sich, konnten sich in der alten Hauptstadt Regensburg den Bürgern gegenüber so wenig durchsetzen wie der andere Stadtherr, der Bischof. So taucht bald Landshut als der neue Herzogssitz auf, rivalisiert mit dem älteren München, muß sich schließlich in den Rang einer »Hauptstadt« auch noch mit Ingolstadt, Straubing und Burghausen teilen. Drüben in der Unterpfalz wird Heidelberg der wittelsbachische Vorort; aber seit 1338 sitzt ein pfälzischer Statthalter auch herüben in Amberg und regiert die »Obere Pfalz« auf dem alten Nordgau. Als späte Residenz kommt nach 1505 noch Neuburg an der Donau dazu, mit der letzten Teilung sozusagen. Doch gerade dieses Neuburg wird im 16. Jahrhundert ein wichtiger Mittelpunkt manieristischer Hofkultur.

Stammescharakter und Kunst

Wir könnten diese Landesteilungen vergessen, denn nach den Wittelsbacher Hausgesetzen ist doch wieder alles in eine Hand zurückgekommen, wenn auch mit den weit auseinandergezogenen Etappen von 1505, 1628 und 1777. Aber gerade das Nebeneinander der Hauptstädte, geistlicher wie weltlicher, schuf auch in Altbayern die vielen Kulturmittelpunkte. Vielleicht ist das Bairische in der alten Kunsthauptstadt Regensburg zum erstenmal da. Jedenfalls, die Spätgotik spielt dann das Stammeseigene großartig aus als Freude am Naturhaft-Unmittelbaren, am Kraftgeladenen, ja Heftig-Derben, und der Donaustil ist auch bei uns ein Gipfel. Man darf nur an Erasmus Grasser denken und den Schnitzerhumor seiner Moriskentänzer, an Hans Leinberger und den strömenden Faltenwurf seiner Madonnen, an Albrecht Altdorfer und den verglühenden Abend seiner Waldlandschaften.

Das zersplitterte Franken ist demgegenüber viel schwerer auf eine Formel zu bringen, fällt zumindest in Mainfranken und Pegnitzfranken auseinander, in Würzburger und Nürnberger, wenn man so will. Aber es

bleibt das In-Sich-Hineinhorchen, das Abwägen und Überlegen, die nervöse Empfindsamkeit. Man sieht Albrecht Dürer und sein beharrsames »Kleibeln«; Tilman Riemenschneider, der dem ganzen Mainland die sanfte Gewalt seines Formwillens aufzwingt.

Schwaben aber bleibt »das Umbrien der altdeutschen Kunst«. Man ringt um Schönheit und um Vornehmheit, um Innerlichkeit, Stille, ja Milde. Zunächst hat hier Ulm die Führung. Aber um 1500 geht die Vormacht an Augsburg über, die andere große Reichsstadt, die Handelsstadt, die Fuggerstadt. Hans Holbein der Ältere treibt sein klares Malwerk heraus; Loy Hering aus Kaufbeuren meißelt die leise Melancholie des sitzenden Willibald im Eichstätter Dom.

Dabei haben alle drei Stämme von Haus aus etwas Bedächtiges an sich. Es fehlt ein gewisser Mut zum Vorangehen und ein gewisses Maß an Selbstsicherheit. Bei den Altbayern hat man von ihrem Phlegma gesprochen, bei den Schwaben von ihrer Spintisiererei; vom »Altfränkischen Wesen« redet ohnedies jeder. Es gehört, so scheint es, zu den Eigenheiten des Landes, fremde Anregungen erst spät aufzugreifen, aber dann die darin beschlossenen Möglichkeiten zur letzten Reife zu steigern. So ist es jetzt in der Spätgotik. So wird es dann im Manierismus sein. Und zuletzt im Spätbarock.

Merkwürdig auch, daß in dieser erfüllten Zeit um 1500 das Stammeswesen noch einmal einen Anlauf zur politischen Zusammenfassung nimmt: nämlich mit der Einrichtung eigener »Reichskreise« seit Kaiser Maximilian. Der »Bayerische Kreis« springt sofort ins Auge, denn er faßt wieder das alte Fünfeck zusammen, einschließlich der Bischofsstaaten. Der »Fränkische Kreis« erinnert von fernher an das Franken von heute, wenn auch das Spessartland noch zu Kurmainz gehört. Beim

»Schwäbischen Reichskreis« sieht man zunächst das Land um den Neckar und am Bodensee; aber bald bildet sich im Streifen zwischen Iller und Lech ein eigenes »Augsburgisches Viertel« heraus.

Reformation und Gegenreformation

Aus der strömenden Fülle des 16. Jhs. erwuchs die deutsche Reformation als der große Versuch, nicht Gott für die Nation, sondern die Nation für Gott zu erobern. Martin Luther bewegte das ganze Land, und gerade die großen Reichsstädte fielen ihm zu, bildeten das Kräftedreieck Nürnberg–Augsburg–Regensburg, dem sich dann die Weißenburg, Nördlingen oder Dinkelsbühl, die Donauwörth, Kaufbeuren oder Memmingen wie von selber zuordnen ließen. Entscheidend auch der Übertritt der Markgrafschaften und die Nürnberg–Brandenburgische Kirchenordnung von 1533: das evangelische Franken zeichnet sich erstmals ab mit seinen Pfarrhäusern und seinen Gymnasien, und man denkt daran, wie noch Jean Pauls Vater zu Jodiz an der Saale oder zu Schwarzenbach auf seiner Pfarre gesessen ist.

Aber zunächst ging es nicht um die Idylle, sondern um die große Auseinandersetzung der sich formierenden Konfessionen. Denn die altbayerischen Wittelsbacher hielten sich und ihr Volk beim alten Glauben, gaben schon früh die Vormauer ab für die katholische Welt. Es mag hier zunächst das stammesmäßige Beharren mitsprechen, die alte Bindung an den lateinischen Süden; entscheidend aber ist, daß das Herrscherhaus bei sich selber den Anfang setzt und sich mit jedem Jahrzehnt mehr hineinlebt in die vom Konzil in Trient ausgehende katholische Erneuerung. Die altbayerischen Bistümer, aber auch ein Augsburg, ein Eichstätt,

Würzburg, Bamberg, Kurmainz, sie wurden zu Zwangsverbündeten der gegenreformatorischen Vormacht Bayern, hinter dem die Kurie stand und das spanische Weltreich. Erst von dieser Basis aus war 1583 der Zugriff auf das entgleitende Erzstift Köln möglich: er sicherte den Katholizismus am Niederrhein, und für fast zweihundert Jahre trug jeweils ein nachgeborener Wittelsbacher Prinz den Kurhut von Köln und die Mitra der Nachbardiözesen Lüttich, Münster oder Hildesheim.

Gipfel dieser Entwicklung ist die Regierung des Herzogs und nachmaligen Kurfürsten Maximilian I. (1597–1651), der im Dreißigjährigen Krieg sein Bayern wie selbstverständlich neben die europäischen Mächte stellte. Er hat dem ganzen bairischen Raum seine konfessionell-absolutistische Haltung aufgeprägt und seine barocke Frömmigkeitsform – Maximilian, der große Reaktionär, der der Flut der Zeit den Damm entgegenbaute, zwischen einem unbegrenzten Gestern und einem unendlichen Morgen das Ewige suchte.

Bayerisches Rokoko

Der Barock ist für das ganze Land zum entscheidenden Kunst- und Lebensstil geworden, nachwirkend bis zur Schwelle unserer Tage, und für Altbayern hat man schon die Formel aufgebracht vom Zusammenfall des »Baiwarischen und Barocken«. Aber auch in Nürnberg gibt es den vornehmen Literaturbarock des »Pegnesischen Blumenordens«, und im Fichtelgebirge oder im Frankenwald haben wir noch in entlegenen Dorfkirchen einen fast katholisch wirkenden »Markgrafenbarock«. Und diesen Barock schöpfte man nicht aus zweiter Hand, sondern man holte ihn überall direkt über

die Alpen herüber, gab da oder dort einen starken Einschlag hispanischen Wesens dazu.

Bis das Rokoko kommt und wirkt wie die Selbstbefreiung des Barocks von einer allzu schweren, bombastischen Last. Natürlich, die ersten Anregungen gibt Frankreich, mit dem Bayern durch fast zweihundert Jahre ein enges Bündnis hält. Gipfel der »Blaue Kurfürst« Max Emanuel, der im großen Weltkrieg um die spanische Erbfolge ein Hauptalliierter Ludwigs XIV. war, auch wenn ihm das 1704 die Niederlage von Höchstädt und Blindheim einbrachte und die lange Verbannung in Belgien und Frankreich. Max Emanuels Oberhofbaumeister Josef Effner hat bereits bei Boffrand gelernt, und als 1724 François Cuvilliés nach seinen Pariser Jahren in München einrollt, fährt der neue Stil sozusagen im Rücksitz mit.

Aber es geht zuletzt gar nicht mehr um den Hof, sondern um das Volk: einheimische Maurermeister, Bildschnitzer, Stukkateure und Freskanten führen die Salonfröhlichkeit der Franzosen hinüber in den Jubel ihrer Rokoko-Kirchen. Entscheidend als Anreger und Förderer die vielen alten Prälatenklöster draußen im Land mit ihren Hauswallfahrten und »inkorporierten Pfarreien«. Die berühmte Wieskirche bei Steingaden ist nur das schönste Beispiel für ein europäisches Phänomen. Und selbst die niederen Bauernstuben werden auf einmal heller; in der »Schönen Kammer« steht der buntbemalte Tölzer Kasten; im Herrgottswinkel schimmern die Hinterglasbilder aus dem Oberland oder dem Bayerischen Wald. Dieses bayerische Rokoko leuchtet hinein nach Oberösterreich und in die Bergtäler Tirols, fließt vor allem breit nach Oberschwaben aus, und zwar bis hin zum Bodensee. Erst im Mainland setzt ihm der große »Reichsstil« der fränkischen Hochstifte die

Barriere entgegen. Das Bayreuther Rokoko der Markgräfin Wilhelmine aber ist ein Eigengewächs, kapriziös und preußisch-spröd zugleich, versetzt mit einem kräftigen Schuß Aufklärung und Voltaire.

Der Montgelas-Staat

Die Aufklärung, sie hat gerade am Main und auch südlich der Donau ganz eigene Ansätze gefunden, ist aber dann verschüttet worden, als die Obrigkeiten die Furcht vor der großen Revolution überkam. So mußte im Zeitalter Napoleons der ganze Raum von außen aufgebrochen werden, mußte ein Minister kommen wie der Freiherr und spätere Graf Montgelas und mit ihm die Revolution von oben. Montgelas, der Bayer französisch-savoyardischer Abkunft, hielt inmitten schwerster Stürme den altbayerischen Kurstaat über Wasser. Er hat aber auch den engen Stammesbereich erstmals aufgesprengt und sein neues Bayern weit hineinwachsen lassen in die schwäbischen und fränkischen Provinzen. Bis zu den Grenzen von heute, einschließlich der Rheinpfalz, die man ihm noch 1816 im Tausch für Salzburg aufdrängte. Und wenn es zuletzt, ohne Reichsritter und Reichsdörfer, 83 verschiedene Territorien waren, Montgelas hat sie alle, ohne Rücksicht auf Gegebenes und Gewordenes, einzig aus der Vernunft heraus, zum neuen Staat verschliffen, straff, zentralistisch, von strenger Einheitlichkeit. Wichtigster Grundsatz die Gleichheit der Konfessionen – auch wenn ein einziger Blick in die Statistik auswies, daß sonst kein deutscher Staat im Verhältnis zu seiner Masse soviel geistliches Land aufgenommen hatte wie Bayern. Das äußere Symbol der neuen Einheit aber war die Königskrone, die sich Max I. Joseph am 1. Januar 1806 aufs Haupt setzte. Freilich mit einer historischen Begründung: durch die unerschütterliche Treue der Untertanen und durch die vorzüglich bewiesene Anhänglichkeit aller sei es dahin gekommen, daß sich der bayerische Staat wieder zu seiner ursprünglichen Würde emporgehoben habe.

Königsbilder

Seit dem Aussterben der altbayerischen Wittelsbacher im Jahre 1777 war es die pfälzische Linie des Hauses, die die Kontinuität des Staates repräsentierte. Weil diese Pfälzer selber von außen gekommen waren, erleichterten sie das innere Zusammenwachsen des neubayerischen Staates. So ist gerade Ludwig I., der romantische König, noch in Straßburg geboren, zum eigentlichen Fortsetzer dessen geworden, was Montgelas begonnen hatte. Er gab den Stämmen den Stolz auf ihre Vergangenheit zurück, suchte den starren Montgelas-Staat mit den Kräften der Geschichte und des Glaubens neu zu durchdringen. Und er war ein großartig-kühner Förderer der Künste, ein Mann, der es sich in den Kopf gesetzt hatte, »aus München eine Stadt zu machen, die Teutschland so zur Ehre gereichen soll, daß keiner Teutschland kennt, wenn er nicht München gesehen hat«. Erst vor den Forderungen der Revolution von 1848 ist er zurückgewichen, denn er war nicht nur ein großer König, sondern in seinem innersten Herzen noch ein Autokrat reinsten Wassers.

Ludwigs Sohn Max II. ist unter den bayerischen Königen die kühlste Natur auf den ersten Blick und doch die menschlich anziehendste beim näheren Hinsehen. Ein König, der zeit seines Lebens lernen wollte, liberal war im guten Sinn des Worts, den Künsten die Wissenschaften an die Seite stellte. Er hat, großzügig im Ausgreifen,

der Universität München ihren europäischen Gelehrtenruhm gegeben und eine Dichterschule um sich gesammelt, eingeschworen auf Bildung und auf strenge Form. 1864 ist er gestorben, für sein Land viel zu früh.

Der strahlende Ludwig II. ist der edle Verschwender des Königtums, der Mitschöpfer von Wagners musikdramatischem Werk, auf seinen fernen Märchenschlössern Parsifal und Louis-Quatorze zugleich. Ihm entglitt zwar der Staat, Bayern selber, das durch Bismarcks überlegene Diplomatie ins neue Kaiserreich hineingezwungen wurde, aber er entrückte dafür die Königsidee hinein in eine Welt des Traums und der Phantasie. »Roi, le seul vrai roi de ce siècle, salut, Sire!«, hat Paul Verlaine ihm noch 1886 nachgerufen.

Die Verfassung von 1818

Vielleicht war es wirklich so, daß in Bayern statt Ludwig II. oder statt Luitpold, dem Prinzregenten, eigentlich die Minister regierten. Und zwar von 1864 bis herauf zum Ersten Weltkrieg. Aber sie haben gut regiert und dem Land selbst im Bismarck-Reich die verbriefte Sonderstellung offengehalten. Und schließlich hatte man immer noch eine eigene Verfassung, die alle Gewalt vom König herleitete – eine der ehrwürdigen süddeutschen Verfassungen der Vormärz-Zeit, schon 1818 erlassen. Gewiß, die bayerische Verfassung war ursprünglich ein Zugeständnis der Krone an die neuen Landesteile gewesen, einfach die Sicherstellung der ständischen Urrechte auf regelmäßigen Zusammentritt der Landtage, auf die Steuerbewilligung und die Mitwirkung bei der Gesetzgebung. Aber mit den steigenden Jahren erwiesen sich gerade diese Landtage als eine innere Verklammerung des weiß-blauen Staates.

Der größte Schub war der außerordentliche Landtag von 1848, der in zwei Monaten vierzehn entscheidende Gesetze durchbrachte, darunter das »Über die Aufhebung der standes- und gutsherrlichen Gerichtsbarkeit, dann die Aufhebung, Fixierung und Ablösung der Grundlasten«. Nicht als ob wir das törichte Schlagwort von der alten »Leibeigenschaft« nachreden möchten, aber jetzt erst wurde der Bauer wirklich frei, konnte sich das Dorf hineinleben in jenes großartige 19. Jahrhundert, für das uns die Bilder eines Wilhelm Leibl stehen oder die Bücher eines Ludwig Thoma. Daß Bayern ein Bauernland war, man hat es immer wieder stolz herausgesagt. Trotz der Taten bayerischer Erfinder von Senefelder bis Rudolf Diesel hat hierorts die Industrialisierung mit einem großen Ritardando begonnen. Vor dem Ersten Weltkrieg haben nur Augsburg und Nürnberg mit ihrem altreichsstädtischen Gewerbefleiß einen ersten Ansatz ergeben, von den Provinzen höchstens Oberfranken oder die Rheinpfalz.

München leuchtete

Das Erstaunlichste an diesem 19. Jahrhundert aber ist, wie die Residenzstadt München auf ihrer weiten Ebene vor den Bergen immer mehr zum Sammelpunkt des ganzen Landes wurde. Das ging weit hinaus über die Kunsthauptstadt Ludwigs I. oder die Kulturhauptstadt Max' II., und unter dem Prinzregenten trafen sich hier, zwischen Paris und Wien sozusagen, die jungen Leute aus aller Herren Länder. München, wie es sich hinausreckte nach allen Richtungen der Windrose, zum Himmel emporwuchs mit immer neuen Kuppeln, Giebeln und Türmen, ausfiel ins grüne Land mit breiten, flutenden Straßen.

Über Fassaden und Plätzen ein leichter Schimmer des Südens und alles voll Geleucht und heimlichem Jubel. Und ein Stadtteil hieß Schwabing, und er bedeutete fast so etwas wie eine eigene Weltanschauung.

Dr. Georg Hirth brachte die unvergeßliche »Jugend« heraus, und Albert Langen gründete den »Simplicissimus«. Es ging um den »Malerfürsten« Franz von Lenbach und sein starres »Dös kann i net habn«; um die »Sezession« und den neuen Impressionismus; um den »Blauen Reiter« und die ersten abstrakten Bilder. Stefan George stiftete einen fast priesterhaften Jüngerkreis; Frank Wedekind aber trat als Bänkelsänger auf und als »Satanist«. Dazwischen Künstlerfeste und Faschingsbälle, und auf dem Oktoberfest von 1901 saß Franz Blei mit einem gewissen Herrn Uljanow-Lenin beim Brathendlessen: »Er konnte mit einem nicht geringen Charme von einer Humorigkeit sein, wie man das oft bei Menschen trifft, die sowohl ihrer Person wie auch ihrer Sache ganz sicher sind... Von der Stärke der menschlichen Intelligenz hielt er nicht viel, und als das gesagt war, sprach er mit einem andern Nachbarn vom Bier.«

Freilich, 1918 dann, als der Staat und die Verfassung in ihre große Krise kamen, gab Schwabing auch das Stichwort aus für die Revolution. Ausgerechnet im konservativen Bayern fiel die erste deutsche Krone, und man präsentierte dem König eine Rechnung, die eigentlich dem Kaiser galt. München strampelte sich durch wirre Nachkriegsjahre, bis man auch hier in Kultur und Leben so etwas spürte wie eine bayerische Variante der »Goldenen zwanziger Jahre«. Seit 1924 lebte Richard Strauss in der Stadt.

Das flache Land draußen erwachte wie aus einem Traum. Schüttelte den Bann von sich, in dem es die Hauptstadt durch ein Jahrhundert gehalten hatte. Es gab eine Heimat- und Volksliedbewegung, Weiß-Blaue Tage der Monarchisten, immer neue Schützenfeste, Freilichtspiele und Aufzüge. Man sah die eigene Vergangenheit auf einmal in poetischer Verklärung.

Bayern in Europa

So sehr es zum Lächeln reizt: das Stammesgefühl von den Anfängen her, das Staatsgefühl, wie es im 19. Jh. erwachsen war, sie haben dieses Bayern zusammengehalten. Auch nach 1933, als die Hoheitsrechte der Länder auf das Nazireich übertragen wurden; ja selbst 1945, als nichts mehr da war als die bloße Konkursmasse. Man zimmerte bereits 1946 das Notdach einer neuen bayerischen Verfassung auf, und der Verlust der abgesplitterten Rheinpfalz ließ das Staatsgebiet eher noch homogener werden. 1949 ging man nur zögernd auf das Bonner Provisorium ein, mit einem kleinen Ja in der Presse und einem großen Nein im Parlament.

In den letzten zwanzig Jahren allerdings hat Bayern noch einmal sein Gesicht gewandelt. München ist zur Weltstadt geworden, und in der Berufsstatistik des ganzen Landes haben überall der Arbeiter und der Angestellte den Bauern abgelöst. Dazu kommt die gewaltige deutsche Binnenwanderung, 1939 durch übermächtige Ereignisse ausgelöst, mit steten Schüben bis auf den heutigen Tag. Was die alten Kameralisten noch so wohlwollend den »Wanderungsgewinn« genannt haben, ist zu einer Welle geworden, die München fast erdrückt. Dagegen wieder der Bayerische Wald oder die Oberpfalz, überhaupt weite Gebiete des ländlichen Bayern, die sich langsam aber stetig von Menschen entleeren... Nur daß bei uns sich immer wieder einer hinsetzt und von der Geschichte redet, vom Unbehagen an so viel Neuem, davon, daß er seine »Königlich-bayerische Ruh« haben möchte. Die Schotten, die Bayern, die Georgier, die Montenegriner, die Basken – irgendwie sind sie sich schon ähnlich. Sie alle haben ein Selbstbewußtsein, das sich auf das Selbstgenügen gründet und deswegen nicht leicht aus der Welt zu schaffen ist.

Und wenn das neue Europa ein Europa der Vaterländer sein wird oder, noch besser, ein Europa der Regionen, dann muß es dabei ein menschliches Optimum geben. Ein Land, das die ganze Vielfalt von Landschaft und Volkstum ausspielt und doch etwas Festgefügtes hat und etwas Umhaustes. Noch regiert werden kann, ohne die durchgestanzte Schablone. Ein Land, das einem noch Raum zum Atmen läßt und doch den Blick wieder fängt an nicht allzu fernen Grenzen. Dazu gut tausend Jahre eigener Geschichte, die einen tragen und halten, das Wissen geben um das Bleibende.

Ein menschliches Optimum: wir möchten fast glauben, daß das weiß-blaue Königreich des 19. Jahrhunderts eines gewesen ist – und daß der demokratische Freistaat des 20. Jahrhunderts immer noch eines sein könnte.

Bavaria
Benno Hubensteiner

To the outsider Bavaria appears at first sight to be a colourful piece of Alpine folklore. Green plush hats, lederhosen and brass bands everywhere; dirndls with flying skirts and tight bodices; nothing but the tapping of beer, jodelling, dancing the schuhplattler, "Kammerfensterln-Gehen" (courting through the bedroom windows) and tavern brawls. Motto: Wir samma dö lustinga Holzhackersbuam..." (We're the jolly woodcutter boys.)

Taking a closer look one notices however that this picture at the best is only true of Upper Bavaria, and even then only very conditionally. That it is a cliché, frankly speaking, put on for tourists, folk-theatre and television. At heart Bavaria is an old-established state, one of the oldest in Europe, and about thirty years ago a liberal-socialist government of all people put up the stubborn escutcheon "Free State of Bavaria" on all border crossings. Put it purposely right beside the old-new German eagle.

A glance at the political map of mid-Europe shows that Bavaria is about as big as present-day Austria and almost twice as big as the Swiss Confederation. The map of the Federal Republic of Germany also assigns the whole of its south-east to this Free State of Bavaria. Bavaria is one of the few states which has always been in existence and was not merely a result of the occupation of 1945. A self-contained and compact block of land from the Iller to the Inn and Salzach, from Spessart to Karwendel: hidden in the shadow of the Alps, secured by the Bohemian Forest, covered by the angles of the German Mittelgebirge. However the central line is the Danube. It gathers water from the Fichtel Gebirge to the Silvaplana, slides in easy, scarcely noticeable transition into Austria, had already shown the Nibelungen the way. The Main in the north cannot really compete with so much broadly

flowing strength. The Danube sends its tributaries way up towards it, and only grudgingly allows its determinative west-east axis in northern Bavaria to become an east-west axis which joins the land to the Rhine and the North Sea instead of the Balkans and the Black Sea.

The Franconians live on the Main, the Swabians on the upper Danube. Actual Bavarians are only to be found in the three administrative districts which are known jointly as »Old Bavaria«, namely in Upper Bavaria, Lower Bavaria and the Upper Palatinate. Just as the Germans are a nation of tribes, so are the inhabitants of the State of Bavaria today. It also has its inner ruptures and scissions, and has only developed into that which it is now throughout a long history. This is nothing to be ashamed of and is no disparagement. A thousand years ago no European country looked like it does on today's map.

The "Baiern"

One thing is clear however: the historian must begin his outline with the "Old Bavarians" since they gave the whole country its name and its permanency throughout the ages. Instead of "Old Bavarians" one can also say "Baiern" and with a simple "ai" express that one means the tribe; namely the "Baiwari" or "Baiowarii" who can first be traced from sources around the middle of the C6 in a central area which reaches from the river Enns in Upper Austria to the Lech, and from the Danube to the fringe of the Alps. In further salients the settlement then progressed into the mountainous country which later will be called "Tyrol", or up into the Nordgau, subsequently the "Upper Palatinate". At any rate the tribal homeland appears in historical atlases as an irregular pentagon, with a dent in one place

and a lump in another, but it remains more or less constant in size throughout German history. Then the actual achievement of "Old Bavaria" from the time of Duke Tassilo until the emperors of the high middle ages – the development of present-day Austria right into the furthest Alpine valleys – remains merely an episode from the country's point of view. From the very beginning the newly-settled land showed a strong tendency towards independence, which first made its appearance in 976 with the secession of Carinthia, then in 1156 with the elevation of the Danube (Eastern) March to a separate duchy became totally effective.

Neverthelesss the question still remains, where did the "Baiwari" of the C6 actually come from? Most probably from the east, from the legendary land of "Baia". We do not know exactly. Neither do we know if they migrated in waves or infiltrated during the course of a century. Perhaps they only grew out of national offshoots into a tribe between the Danube and the Alps. But one thing is certain, they were Teutons; and they were peasants too, good-natured, hot-tempered, sensuous, volatile and superstitious as they still are. Beside the Lower Saxons they formed the most compact and defiant tribal duchy in the Frankish-German empire and almost reached complete independence under Tassilo III in the C8 and Arnulf the Bad in the C10. It was only after one of their own tribe became emperor however that they accepted the Empire with both hands: 1002 Henry II, the Pious, from the "Bairisch" line of the House of Otto – previously Duke Henry IV. The Emperor Henry is not the founder of the imperial* bishopric of Bamberg merely by chance: although it lies in the region of the Main and was cut

* "imperial" towns, bishoprics, etc. are those owing allegiance *only* to the emperor.

out of the older diocese of Würzburg and Eichstätt, he also endowed it with an abundance of land on the Danube, the Isar and the Inn.

Swabia and Franconia

From the point of view of "Old Bavaria" Swabia and Franconia are outsiders. The Swabians are to equate with the main tribe of Alemanni who finally broke through the Roman limes in 260 A.D. and thrust down as far as Lake Constance. In the C5 when they opened up the present mid-Switzerland they also occupied the strip of land between the Iller and the Lech: so the Swabians are already there when the Baiern come on the scene and the Lech is a natural border. Today the Swabian dialect can be heard as far over as Ammersee and the deaneries of the old bishopric of Augsburg protrude to the upper Isar and the lower Paar. The difference is that the Alemanni came under the dominion of the Frankish Empire much earlier and more thoroughly than the Bavarians, and already in 746 with the Execution of Cannstatt they lost their own ducal house. When under Odilo or Tassilo the Bavarian arrière-ban was mustered against the Frankish king, it stood on the Lech. But this very spaciousness of the Frankish kingdom explains a certain independence of the buffer zone between Iller and Lech. Here the privileged position of the old line of Guelphs developed, and then in the high middle ages the Staufers and their dominions became firmly established.

Even if the Swabians are a separate tribe, neighbours and close relatives of the Baiern from the very beginning, the region of the Main is an outpost of the vast kingdom of the Franks who really belong to the Schelde and lower Rhine. A wedge, so to speak, driven between the old German tribes to the right of the Rhine, the Saxons and Thuringians to the north and the Alemanni and Baiern to the south. The population in this outer bastion were at first primarily Thuringian. There were even Slavic villages on the upper Main. Only with the gradual passing of the centuries was there anything like a "Franconisation" of the whole area between the Jura and the Thuringian Forest, and the transfer of the name "East Franconia" from the Rhineland to the region of the Main. It is obvious from the outset that no independent duchy could stand a chance on this ground. Franconia is the land of kings, the epitome of an imperial land. At best the bishops of Würzburg tried to build up an almost ducal power after the C11, and were even able to bring the title "Dux Franconiae" into their baroque state residence in the C18, and thereby into the painted heaven of Giovanni Battista Tiepolo.

Similarities and Discrepancies

After Emperor Henry II, the Pious, the idea of the "Reich" applies to "Old" and "New" Bavaria; both are imperial lands. The eagles still "preen themselves nightly" on the Domplatz of Bamberg, the steeds throw their shining horseshoes "like silver crescents into the blue sky", and about 1200, when courtly epic reaches its height under the Staufer emperors, Walther von der Vogelweide and Wolfram von Eschenbach stand at their zenith, both perhaps of Bavarian stock but both at home in the land of Franconia.

The great dynasties which support the empire and its courtly culture, men like the lords of Andechs-Meranien, are found in "Old Bavaria" as well as the Main region. The imperial bishopric of Eichstätt however marks the juncture of the three lands, is Bavarian, Franconian and Swabian at the same time.

When one actually looks at the old ecclesiastical and diocesan arrangement of the country: it is true that Bamberg is a new addition, but the bishoprics, as they are, were all already organised by St Bonifatius in the C8. Even before Bonifatius the Iro-Scottish itinerant missionaries had been there and had helped to propagate Christianity. Kilian in Würzburg, Erhard in Regensburg, Korbinian in Freising, Mang in Füssen and the great Virgil of Salzburg as contemporary and antagonist of Bonifatius. When one says "Grüß Gott" in Bavaria today it is a vernacular translation of the old Irish monastic greeting – "Go mbeannaighe Dia dhuit!".

Common denominator of the Bavaria of today is the empire; deeper than that, the church and Christendom, and even deeper, the long buried Roman Empire. There had been Romans in the country long before the Bavarians, Swabians and Franconians came on the scene, and they had already determined its whole life for five hundred years. Augsburg, Regensburg and Passau are Roman towns and outposts of Mediterranean culture. And even before the Romans the Celts had been there, and had imprinted their feudal culture upon the country between the Alps and the Main with the first town-like settlements and enclosed temple areas, the so-called "square entrenchments". The "continuity of Bavarian history" – to be precise it begins with the Celts and the C4 B.C.

But this very continuity diverges. Already in the last centuries B.C. the Celts on the Main made way for the advances of the Teutonic tribes. In order to protect the Alpine frontier the Romans were compelled with their summer offensive in the year 15 B.C. to take at least the Danube Celts into their imperium. Once more the line of the Danube: this time as border against Germania magna, then the stone frontier wall, the limes, only jutted out sufficiently to allow a small part of the Swabian-Franconian countryside to keep the name of the old Roman province – "Raetia", from which the present name "Ries" is derived. So actually only the country south of the Danube has a coherence right from the romanised Celts through to the infiltrating "Baiern" and Swabians. Not the strict historian however, but rather the discerning essayist has always seen the Celtic influence in the Bavarian national character: imagination, appreciation of form, delight in bragging, wrestling and brawling, love of horses as in Rottal, the Inn region or around the Samerberg.

The Principality

Perhaps the holy, supernatural empire of the middle ages which considered itself to be a renewal of the Roman imperium was in essence a splendid idea and a beautiful dream. At any rate, with the downfall of the Hohenstaufen, the most brilliant of all imperial dynasties, the empire split up into lots of small and even smaller domains right where the old royal demesne had been.

Suddenly we have the colourful diversity of Swabia and even more so of Franconia. The secular powers are rivals here: namely the great imperial city of Nuremberg and its burgraves, the Zollers, who built up their own margravates above and below the "Mountains", later called the "margravate of Ansbach" and the "margravate of Bayreuth" after their main towns. Alongside were the three imperial bishoprics of Würzburg, Bamberg and Eichstätt. Thrust in between, with much pushing and shoving, were the little imperial towns and counties, the imperial knights and even a couple of imperial

villages. This microcosmos is reflected in the density of the towns, in the partition of hereditary estates, in the horticultural land around Bamberg, in the vineyards around Würzburg with their enclosing walls and vintners' huts.

In contrast "Old Bavaria" remains one duchy, the original pentagon which the Wittelsbacher are able to turn into a new principality. A territory where land and tribe are still identical, with vast skies and wide frontiers. In 1268, with the extinction of the House of Staufer, this same Bavaria took in the possessions of the young Konradin: it was the first step across the Lech.

But the Wittelsbachs were no match for the bishops. Neither those of Augsburg nor of Freising or Regensburg. All kept their theocratically ruled city-states. The bishops of Salzburg and Passau were even able to build up real ecclesiastical buffer states in the region between Bavaria and Austria, which today still have their own special cultural nuances.

Tyrol, the "land in the mountains", became the prize in a keen game, and the new dukes retreated only step by step. Emperor Maximilian had to bombard the fortification of Kufstein into ruins in 1504 in order to reach the present frontier. And wherever you walk in the uplands today: behind the mountains you can sense this Tyrol.

The Wittelsbachs

They were actually counts from the western part of the country, originally taking their name from Scheyern, their castle seat, which they later turned into a family monastery. They were hot-tempered and pious, powerful Hunters for the Lord, generally brave people of easily swayed temperament like the tribe itself.

Their unceasing loyalty to the House of Staufer earned them the title of dukes in 1180, and they proved themselves hard as nails in territorial politics. They knew that a village on the frontier is more important than a kingdom in the far distance. Only once with the marriage into the Guelphs and the enfeoffment of 1214 did they dare to cross to the county palatine bei Rhein. But then they consolidated this palatinate over the centuries – a connection from which the Bavarians certainly reaped more than merely the Guelph lion in its coat-of-arms. Ludwig the Bavarian, who was a great supporter of the mendicant friars and the cities, was the first of his line to wear the emperor's crown from 1314 to 1347. He lies buried in the royal crypt in Munich's Frauenkirche.

It must be admitted that the Wittelsbachs, like the Luxembourgs, the Hapsburgs and the Wettins considered that territory once acquired is a matter of private rights. They parcelled out land, disagreed amongst themselves, could not assert themselves against the burghers of the old capital, Regensburg, any more successfully than the other ruler of the town, the bishop. Soon Landshut appears as the new ducal seat as rival to the older Munich, and must then share the title of "capital" with Ingolstadt, Straubing and Burghausen. Over in the Lower Palatinate Heidelberg becomes the main Wittelsbach town; but since 1338 there has also been a Palatine governor over here in Amberg who governs the "Upper Palatinate", the former Nordgau. Neuburg on the Danube is added to these as late residence after 1505, with the last partition so to speak. Yet it is this same Neuburg which becomes an important centre of manneristic court culture in the C16.

Ethnic character and art

We could forget these partitions of the land, since with the Wittelsbach laws of inheritance everything came back into one hand, even if the stages were very widespread (1505, 1628 and 1777). But the very co-existence of the capitals, ecclesiastical as well as secular, created many centres of culture in "Old Bavaria". "Baierisch" exists perhaps for the first time in the old cultural capital of Regensburg. At all events the late Gothic style displays magnificently the typical ethnic characteristics: pleasure in natural directness, strength of expression, even outright vulgarity, and we find the culmination here in the "Danube style". One only needs to think of Erasmus Grasser and the humorous carving of his dancers, of Hans Leinberger and the flowing folds of his madonnas, of Albrecht Altdorfer and the fading evening light of his wooded landscapes.

The fragmented Franconia is much more difficult to bring under one formula since it falls into at least two parts, Main-Franconia and Pegnitz-Franconia, or Würzburger and Nuremburger if you like. But many things remain: the being-attuned-to-oneself, the deliberation and reflection, the nervous sensibility. One sees Albrecht Dürer and his painstaking "finicking", Tilman Riemenschneider imposing the gentle force of his creative genius upon the whole Main region.

Swabia however remains the "Umbria of Old German art". One strives for beauty and elegance, for innerliness, gentleness, even mildness. At first Ulm took the lead here, but about 1500 the dominating position was transferred to Augsburg, the other great imperial city, the city of trade and the Fuggers. Hans Holbein the elder develops his clear style of painting, Loy Hering from Kaufbeuren carves the gentle melancholy of the seated Willibald in the minster of Eichstätt.

At the same time, all three tribes have something cautious in their nature. A certain progressive spirit is lacking, as is a certain amount of self-confidence. One spoke of the stolidness of the "Old Bavarians" and the broodiness of the Swabians, and "Old Franconian manner" is an expression still in use. It would seem that one of the peculiarities of the country is to take up foreign ideas rather late, but then to develop their innate possibilities to the utmost perfection. So it is here in the late Gothic, so it will be in mannerism and finally in late baroque.

It is also remarkable during this time of fulfillment around 1500 that tribal identity once again makes an attempt at political integration: namely with the forming of individual "circles" within the empire after Emperor Maximilian. The "Bavarian circle" is immediately recognizable since it builds the old pentagon again, inclusive of the bishops' states. The "Franconian circle" reminds one remotely of present-day Franconia, even if the Spessart still belongs to the Electorate of Mainz. In the "Swabian circle" one sees first the land around the Neckar and on Lake Constance, but soon an independent "Region of Augsburg" is formed by the strip between the Iller and the Lech.

Reformation and Counter-Reformation

The German Reformation grew out of the rich profundity of the C16 as the great attempt to win the nation for God and not God for the nation. Martin Luther set the whole country in motion and particularly the big imperial cities supported his ideas, forming a powerful triangle Nuremberg–Augsburg–Regensburg which was then joined by towns like Weißenburg, Nördlingen or Dinkelsbühl, Donauwörth, Kaufbeuren or Memmingen following as a matter of course. The conversion of the margravates and the church laws of Nuremberg–Brandenburg in 1533 were also decisive: protestant Franconia manifests itself in the parish houses and grammar schools, and one is reminded of Jean Paul's father sitting in his rectory in Joditz on the Saale or in Schwarzenbach.

At first it was not a matter of this parish idyll but rather the big disputes of the evolving denominations, since the Old Bavarian Wittelsbachs held themselves and their subjects to the old faith and formed the vanguard for the Catholic world at an early date. Perhaps a traditional steadfastness plays a part, the old ties to the Latin south; but decisive is that the ruling house itself took the first steps and with each decade identified itself with the Catholic renewal propagated by the Council of Trient. Not only the "Old Bavarian" bishoprics but also those of Augsburg, Eichstätt, Würzburg, Bamberg and the Electorate of Mainz were compelled to become allies of the Counter-Reformatory hegemony of Bavaria which was backed by the curia and the Spanish Empire. Only from this basis was the attack on the renegade archbishopric of Cologne possible in 1583: it made Catholicism secure on the Lower Rhine, and for almost two hundred years princes of the House of Wittelsbach held both the electoral crown of Cologne and the mitre of the neighbouring dioceses as Liège (Lüttich), Münster and Hildesheim.

The apex of this development is the reign of Duke and subsequent Elector Maximilian I (1597–1651), who quite naturally put his Bavaria on the side of the European powers in the Thirty Years War. He imprinted his denominational-absolutist attitude and his baroque form of piety on the whole area of "Baiern" –

Maximilian, the great reactionary, who tried to stem the flood of time and sought the eternal between an unlimited yesterday and an endless tomorrow.

Bavarian rococo

Baroque became the most decisive form for the whole country both in art and the way of life, with repercussions almost until the present day, and for "Old Bavaria" the phrase "Baiwarisch and Baroque" as coincidence has already been coined. In Nuremberg however one also finds the elegant baroque literature of the "Pegnesischen Blumenorden" and in the Fichtel Gebirge or in the Franconian Forest there is an almost Catholic "Margravian Baroque" in the churches of remote villages. This baroque was not created second-hand but imported everywhere directly across the Alps, and here and there a strong element of Hispanic was added to it.

Until the rococo comes and acts as a self-liberation of the baroque from an all too heavy bombastic burden. Naturally the first impulses come from France, with which Bavaria had close contact for almost two hundred years. The culmination was the "Blaue Kurfürst" Max Emanuel who was one of the principal allies of Louis XIV in the great war of the Spanish Succession, even though it brought him the defeats of Blenheim in 1704 and long years of exile in Belgium and France. Max Emanuel's chief master builder, Josef Effner, had studied with Boffrand, and when François Cuvilliés arrived in Munich in 1724 after his Paris years, the new style rode on his heels so to speak.

In the long run however it is not the court which matters but the people: local masons, carvers, stucco-workers and fresco-painters reproduce the gaiety of the French salons in the exultation of their rococo churches. The many old prelate monasteries in the country with their local pilgrimages and "incorporated parishes" play a decisive part in giving inspiration and encouragement. The famous Wies church near Steingaden is just the most beautiful example of this European phenomena. Even the farmhouse rooms are suddenly brighter; the gaily painter Tölzer cupboard stands in the "front parlour"; the glass paintings from the uplands or the Bavarian Forest sparkle in the corner under the crucifix. This Bavarian rococo sends its rays into Upper Austria and the mountain valleys of Tyrol, and flows broadly into Upper Swabia even as far as Lake Constance. Only in the Main region is it confronted by the barriers of the great "Reichsstil" of the Franconian bishoprics. The Bayreuth rococo of the Margravine Wilhelmine is however of independent growth, capricious but with Prussian reserve at the same time, mixed with a good dash of Enlightenment and Voltaire.

Montgelas' State

The Enlightenment, which had very singular beginnings especially on the Main and also south of the Danube, was buried when the authorities were overcome by the fear of the big revolution. In Napoleonic times the whole area had to be broken open from outside, and a minister like the Baron and subsequent Count Montgelas had to come, and with him the revolution from above. Montgelas, a Bavarian of French-Savoyard descent, held the old Bavarian electorate above water in the middle of the severest storms. But first of all he had opened up the narrow tribal region and allowed his new Bavaria to spread itself into the Swabian and Franconian provinces as far as the present-day borders, including the Rhenish Palatinate which he was persuaded to accept in 1816 in exchange for Salzburg. In the end there were 83 different territories, not counting the imperial barons and villages. Without consideration for past and present facts but through reason alone Montgelas polished these into a new state, strict, centralized, strongly unified. The most important principle was the equality of the denominations – even though a single glance into the statistics proved that no other German state had absorbed so much ecclesiastical land in proportion to its size as Bavaria. The outward symbol of the new union was the royal crown which Max I Joseph set on his head on Jan 1st 1806. It must be admitted that this had an historical justification: only the unshakable loyalty of his subjects and their faithfulness which had been proven without any doubt has enabled the Bavarian State to raise itself up again to its original dignity.

Gallery of Kings

After the "Old Bavarian" line of Wittelsbach died out in 1777, the continuity of the State was represented by the Palatine branch of the family. The fact that these Palatines themselves had come from outside made the unification of the new Bavarian state much easier. So Ludwig I, the romantic king who was born in Strasbourg, became the actual continuator of that which Montgelas had begun. He tried to pervade the inflexible Montgelas-State anew with the forces of history and religious faith. He was also a generous and daring supporter of the arts, a man who had taken it into his head "to make Munich into a city which should bring such honour to Teutschland that no-one could say they knew Teutschland without having seen

Munich". Only in face of the demands of the revolution in 1848 did he flinch, since he was not only a great king but also in his innermost heart an autocrat.

Of all the Bavarian kings, Ludwig's son Max II had the most reserved temperament on the surface and yet was the most humanly approachable when one takes a closer look. A king with a lifelong desire to learn, who was liberal in the best sense of the word, and put the arts side by side with the sciences. Broad-minded in outlook, he gave the University of Munich its scholarly fame in Europe, and collected a school of poets around him who were dedicated to culture and strict form. He died in 1864, much too soon for his country.

The resplendent King Ludwig II is the noble squanderer of the kingdom, the co-creator of Wagner's music-dramas, and in his distant fairy-tale castles both Parsifal and Louis-Quatorze. It is true that the state, Bavaria itself, slipped from his grasp and was forced into the new empire through Bismarck's superior diplomacy, but instead he carried the idea of kingship into a world of dreams and fantasy. In 1886 Paul Verlaine said of him "Roi, le seul vrai roi de ce siècle, salut, Sire!".

The Constitution of 1818

Perhaps it was really a fact during the period from 1864 until the first world war that neither Ludwig II nor the Prince Regent Luitpold ruled but actually the ministers. Yet they ruled well, and they maintained the special position of the kingdom agreed upon by charter even within the Bismarck-empire. At any rate there was still Bavaria's own constitution in which all power was vested in the king – one of the honourable constitutions of the Vormärz (pre 1848) times in southern Germany, enacted in 1818. It is true the

Bavarian constitution had originally been a concession of the crown to the new regions of the land, primarily the securing of traditional rights of the estates to regular parliamentary sittings, passing of finance bills and participation in legislation. As time went on however it was this very parliament which proved to be the inner bond of the "white-blue" state.

The biggest step forward was the Extraordinary Parliament of 1848, which passed fourteen decisive laws in two months, among them "the abolition of the jurisdiction of estates and lords of the manor then the abolition, determination and redemption of real servitude". Not that we wish to repeat the foolish catchword of the old "feudal system", but only now were the peasant-farmers really free and the villages could join in the life of that splendid nineteenth century which is captured so well in the pictures of Wilhelm Leibl or the books of Ludwig Thoma. It had always been proudly maintained that Bavaria was a land of farmers. In spite of the Bavarian inventors from Senefelder to Rudolf Diesel, the industrialisation was very slow to begin here. Before the first world war only Augsburg and Nuremberg, old imperial towns with an artisan tradition, had shown any signs, and in the provinces only Upper Franconia and the Rhenish Palatinate.

Radiant Munich

The most astounding thing about this C19 is how Munich, the city of the royal residence on its broad plain in front of the mountains, gradually became the assembly point of the whole land. This went far beyond Ludwig I's city of the arts or Max II's city of culture, and under the Prince Regent it was the meeting place, between Paris and Vienna so to say, of young people

from every conceivable country. Munich, how it stretched itself in every direction of the compass, grew towards the skies with each new cupola, gable and tower, sprawled into the green landscape with broad flowing streets. The façades and squares glistened with a faint tinge of the south and everything glowed with quiet joyfulness. One part of the city was called Schwabing, and it came almost to represent its own philosophy of life.

Dr. Georg Hirth published the unforgettable "Jugend" and Albert Langen founded "Simplicissimus". Cultural life revolved around the "Prince of Painters", Franz von Lenbach, and his inflexible "that doesn't do for me"; around the "Sezession" and the new Impressionism; around the "Blaue Reiter" and the first abstract paintings. Stefan George founded an almost monastic circle of disciples; Frank Wedekind in constrast appeared as balladmonger and "Satanist". In addition there were the artists' parties and carnival balls, and at the Oktober Fest of 1901 Franz Blei sat eating grilled chicken next to a certain Herr Uljanow-Lenin: "He had quite a sense of humour and a good deal of charm to go with it, such as one often finds in people who are sure of themselves and their purpose... He didn't think much of the power of human intelligence, and after he had said that he turned to his other neighbour and talked about beer.«

When the State and the Constitution faced its big crisis in 1918 it was Schwabing naturally enough which gave the signal for the revolution. The first German crown toppled in Bavaria of all places and the King was handed the account intended for the Kaiser. Munich struggled through the confusion of the post-war years until something akin to a Bavarian variety of the "golden twenties" became apparent in its life and culture. After 1924 Richard Strauss lived here.

The flat country outside awoke as if from a dream and shook off the spell which had been cast upon it by the capital for a century. There were regionalistic and folk-song movements, patriotic celebrations of the monarchists, more and more festivals for the traditional riflemen, open-air pageants and processions. Suddenly one saw one's past in poetical transfiguration.

Bavaria in Europe

Even if it makes one smile: the tribal spirit of the very outset, the awareness of the state which grew in the C19, both of these have held Bavaria together. Even after 1933, when the sovereignty of the states was handed over to the Nazi regime; even in 1945 when nothing remained but mere bankrupt's assets. Already in 1946 a temporary solution was found in the new Bavarian Constitution, and the loss of the severed Rhenish Palatinate allowed the territory of the state to become even more homogenous. In 1949 the response to the Provisorium of Bonn was tentative, with a small Yes in the press and a big No in parliament.

During the past twenty years Bavaria has changed its appearance yet again. Munich has become a metropolis, and in the employment statistics for the whole land, workers and employees have superseded the farmers. In addition there is the massive inner-German migration, started in 1939 by overwhelming events and constantly recurring until the present day. What the old cameralists still benevolently termed "migratory gain" has become a wave which almost threatens to engulf Munich. In constrast the Bavarian Forest, the Upper Palatinate, vast areas of country Bavaria in general which are slowly but surely losing their population... But here there is always someone amongst us who sits and talks

about history and about his mistrust of all new things, and how he wants to have his "Royal Bavarian peace and quiet". The Scots, the Bavarians, the Georgians, the Montenegrins, the Basques – somehow they are all similar to one another. They all have a pride which is based on self-sufficiency and is therefore not easy to destroy.

If the new Europe is to be a Europe of nations, or even better of regions, then there must be a human optimum in it. A land which reflects the whole variety of scenery and tradition and yet has something solid and protective. Can still be ruled without a stereotyped pattern. A land which gives one room to breathe but whose frontiers are still near enough to be sensed. In addition well over a thousand years of its own history, maintaining and preserving, imparting knowledge of perpetuity.

A human optimum: we would like to think that the "white-blue" kingdom of the C19 was one – and that the democratic Free State of the C20 could still be one.

La Bavière
Benno Hubensteiner

A celui qui vient de l'extérieur, la Bavière offre tout d'abord le tableau coloré de son folklore alpin. Partout des chapeaux à plumes, des culottes de cuir et des orchestres de cuivres; les Dirndl aux jupes virevoltant sur des dessous amidonnés; rien que tonneaux de bière mis en perce, tyroliennes, danses folkloriques, coutumes truculentes (comme le «Kammerfensterlgehen») et bagarres dans les auberges. Avec pour devise: «Mir samma dö lustinga Holzhackersbuam...» («C'est nous les joyeux bûcherons...»).

Mais lorsqu'on y regarde de plus près, on s'aperçoit vite que ce tableau convient tout au plus aux régions alpines de Bavière. Et là encore, avec bien des réserves. Car il s'agit là, à vrai dire, d'une façade affichée à l'intention des touristes, d'un cliché entretenu par le théâtre populaire et les gens de la télévision. La Bavière est en effet avant tout un Etat constitué depuis très longtemps, l'un des plus anciens d'Europe et c'est – fait digne d'être précisé – une coalition gouvernementale sociale-libérale qui, il y a une trentaine d'années, a fait dresser à tous les points de passage de ses frontières les armes obstinées du «Freistaat Bayern», de l'Etat libre de Bavière. Juste à côté, et c'est voulu, de l'ancien aigle réincarné dans le nouvel aigle fédéral.

Un coup d'œil sur la carte des Etats d'Europe centrale suffit pour reconnaître que la Bavière est à peu près aussi étendue que l'Autriche actuelle et que sa superficie représente près de deux fois celle de la Confédération helvétique. Et sur la carte de la République Fédérale d'Allemagne, la République de Bavière n'occupe pas moins que tout le sud-est, et, de tous les laender, c'est l'un des seuls qui aient toujours existé et qui ne soient pas sortis de l'alambic des forces d'occupation en 1945. Un pays doté d'une unité, formant un bloc qui s'étend de l'Iller à l'Inn et à la Salzach, du Spessart au Karwendel: blotti à l'ombre de la paroi alpine, à l'abri des forêts de Bohème, ceinturé par les chaînes de montagnes moyennes. L'artère principale en est le Danube. Celui-ci recueille les eaux du Fichtelgebirge jusqu'à la Silvaplana, passe en Autriche par transitions douces, à peine perceptibles, il a déjà ouvert la voie aux Nibelungen. Le Main, au nord, n'est pas de taille à rivaliser avec le Danube, ni par sa largeur, ni par la puissance de son débit, mais le Danube envoie dans sa direction des affluents qui remontent très au nord, tolérant seulement à contre-cœur qu'à l'axe est-ouest dominant la Bavière du Nord s'ajoute un axe est-ouest reliant le pays au Rhin et à la mer du Nord plutôt qu'aux Balkans et à la mer Noire.

Or, les bords du Main sont peuplés de Franconiens. Le bassin supérieur du Danube de Souabes. De véritables Bavarois, on n'en trouve que dans ces trois circonscriptions administratives que l'on désigne ordinairement par «Altbayern» (Ancienne Bavière): à savoir en Haute-Bavière, en Basse-Bavière et dans le Haut-Palatinat. Ainsi, s'il faut distinguer entre le peuple allemand et les peuples allemands, en est-il de même pour les Bavarois de l'Etat de Bavière actuel. L'Etat bavarois qui a, lui aussi, ses lignes de rupture et ses failles intérieures, n'est devenu ce qu'il est aujourd'hui que forgé par une longue histoire. Ceci n'a rien de honteux ni de dévalorisant. Aucun Etat européen n'avait, il y a mille ans, la même configuration que sur les cartes contemporaines.

Les Bavarois (Baiern)

Mais un fait reste certain: l'historien ne peut commencer son exposé que par les Bavarois proprement dits (Altbayern), car ce sont eux qui ont donné leur nom à l'Etat tout entier et assuré sa permanence à travers les temps. «Altbayern» ou «Baiern» également, le «ai» remplaçant le «ay» et signifiant qu'il s'agit de l'ethnie. Ou encore les «Baiwarii» ou «Baiowarii» dont l'existence est documentée pour la première fois vers le milieu du VIe siècle et qui apparaissent essentiellement sur un territoire s'étendant de l'Enns en Haute-Autriche jusqu'au Lech et du Danube jusqu'à la frange alpine. A la suite de poussées ultérieures, ils occupent le pays s'enfonçant dans le massif montagneux qui, plus tard, s'appellera «Tyrol», puis montant vers le «Nordgau» qui deviendra le Haut-Palatinat (Oberpfalz). Quoi qu'il en soit, le noyau de l'espace vital de cette ethnie apparaît sur les atlas historiques comme un pentagone irrégulier s'enflant parfois sur un côté, se rétractant de l'autre, mais conservant malgré tout une étendue à peu près constante tout au long de l'histoire d'Allemagne. Car si, depuis l'époque du duc Tassilo jusqu'aux empereurs du haut Moyen-Age, les Bavarois ont bien réalisé un véritable exploit en pénétrant jusqu'aux vallées alpines les plus inaccessibles de l'Autriche actuelle, il reste que ceci garde, du point de vue de l'Etat, un caractère épisodique. En effet, les territoires nouvellement peuplés se montrent, dès le début, fortement préoccupés de leur indépendance, tendance qui se traduit dans les faits pour la première fois en 976 par la sécession de la Carinthie (Karantanien) et triomphe totalement en 1156 avec l'établissement d'un duché indépendant dans la marche du Danube (Ostmark).

Mais ces considérations ne répondent pas à cette question: d'où viennent les «Baiwarii» du VIe siècle? De l'est, sans doute, de «Baia», ce pays légendaire. Nous ne le savons pas avec précision. Sont-ils arrivés par vagues successives, ou bien y a-t-il eu une infiltration s'étalant sur tout un siècle? A cette question non plus, pas de réponse. Peut-être même l'espace entre le

Danube et les Alpes a-t-il été le creuset où les éléments ethniques les plus divers ont donné naissance à un nouveau groupe ethnique. Mais nous avons une certitude, c'étaient des Germains. Des paysans, bons enfants, irascibles, bons vivants, prodigues et superstitieux comme ils le sont encore à notre époque. Si l'on excepte la Basse-Saxe, ils ont donné naissance au duché ethnique le plus unifié et le plus indocile de tout l'empire des Francs de Germanie, et, sous Tassilo III au VIIIe siècle, sous Arnulf le Méchant au Xe siècle, ils avaient atteint une indépendance presque complète. Mais cet Empire, ils sont allés à lui, bras grand ouverts, lorsque l'un des leurs est devenu empereur: en 1002, Henri II, dit le Saint, issu de la lignée bavaroise de la dynastie ottonienne, auparavant Henri VI, duc de Bavière. Ce n'est pas par hasard que l'empereur Henri fut le fondateur de l'évêché impérial de Bamberg, situé certes dans les pays du Main et constitué d'anciens diocèses de Wurzbourg et Eichstätt, mais qu'il dota d'innombrables domaines situés sur le Danube, l'Isar et l'Inn.

Les Souabes et les Franconiens

A l'origine, la Souabe et la Franconie sont donc extérieures à la vieille Bavière. Il faut voir dans les Souabes des descendants de la grande tribu des Alamans qui, vers 260 après J.C., brisa définitivement la «frontière» et avança jusqu'au lac de Constance. Et au cours de ce même siècle qui vit leur apparition au cœur de la Suisse actuelle, ils occupèrent également la région entre l'Iller et le Lech: les Souabes sont donc là avant même que les Bavarois ne fassent leur apparition et le Lech est une frontière perméable. Aujourd'hui encore, en effet, on parle le dialecte souabe jusqu'à l'Ammersee et les doyennés les plus avancés de l'ancien évêché d'Augsbourg

s'étendent jusqu'au cours supérieur de l'Isar et au cours inférieur de la Paar. Mais les Alamans sont soumis, plus tôt que les Bavarois et plus totalement qu'eux, à la loi du Royaume des Francs et perdent leur famille ducale dès 746 par l'exécution de Cannstatt. Et lorsque le ban et l'arrière-ban des armées bavaroises se rassemblait sous le commandement d'Odilo ou de Tassilo pour combattre le roi des Francs, on se retrouvait sur les bords du Lech. Mais c'est justement l'étendue du Royaume qui explique que la zone entre l'Iller et le Lech, zone de rencontres et de combats, ait atteint à une certaine indépendance. C'est là que s'est assise la puissance de l'ancienne famille des Guelfes et c'est là également que, au Moyen-Age, les Staufer établirent leur cour. Si les Souabes forment un groupe ethnique distinct, de tous temps voisin des Bavarois et apparentés à ceux-ci – les pays du Main sont un poste avancé du grand royaume des Francs qui, en réalité, se concentrent sur les bords de l'Escaut et du Bas-Rhin. C'est donc une sorte de coin enfoncé entre les anciennes ethnies germaniques de la rive droite du Rhin, les Saxons et les Thuringiens au Nord, les Alamans et les Bavarois au Sud. Les caractères ethniques de ce bastion avancé apparaissent tout d'abord comme plutôt thuringiens. Sur les bords du Main supérieur, il y avait même des villages slaves. C'est seulement au fil du temps et des siècles que l'on assiste à un phénomène ressemblant à une «francisation» de l'espace compris entre le Jura et la forêt de Thuringe et, finalement, à un glissement de l'appellation «Franconie de l'Est» des pays du Rhin vers les bords du Main. Il est clair que, dans ces conditions, un duché indépendant n'avait pas la moindre chance de se constituer dans cette région. La Franconie, c'était le domaine royal, le berceau de l'Empire par excellence. Tout au plus les évêques de Wurzbourg

s'efforcèrent-ils d'édifier une souveraineté «ducale» à partir du XIe siècle et, de fait, ils réussirent à doter leur somptueuse résidence baroque du titre honorifique de «Dux Franconiae» et à le faire figurer aux cieux du peintre Giovanni Battista Tiepolo.

Points communs et différences

Depuis l'empereur Henri II, dit le Saint, l'idée impériale s'impose tout autant à la «vieille» qu'à la «nouvelle» Bavière – pays d'empire l'une comme l'autre. Sur la place de la cathédrale de Bamberg, «les aigles, la nuit, déploient leurs ailes et dressent la tête» et les fers des coursiers «jettent des feux comme autant de croissants d'argent au firmament d'azur». Vers 1200, sous la dynastie impériale des Staufer, lorsque la poésie de cour atteint son sommet, Walther von der Vogelweide et Wolfram von Eschenbach connaissent leur période de maturité, et si tous deux appartiennent à l'ethnie bavaroise, tous deux ont su s'acclimater en pays franconien. Les grands princes, soutiens de l'empire et de la culture de cour, des hommes comme les comtes d'Andechs-Méranie, résident aussi bien dans la vieille Bavière que dans les pays du Main. Mais l'évêché impérial d'Eichstätt chevauche les trois ethnies, il est à la fois bavarois, souabe et franconien.

Et puis, si l'on considère l'ancienne ordonnance des églises et diocèses du pays, on constate certes que Bamberg est apparu plus tard, mais que sinon la structure des évêchés actuels remonte à Saint Boniface qui les a tous organisés dès le VIIIe siècle. Et bien avant Boniface, les missionnaires errants irlandais et écossais étaient passés par là et avaient joué un rôle décisif dans la christianisation du pays. Kilian à Wurzbourg, Erhard à Ratisbonne, Korbinian à Freising, Mang à Füssen, et enfin le contemporain et adversaire de Boniface, le grand Virgil de Salzbourg. Et si, de nos jours encore, en Bavière, on se salue encore de ces mots «Grüß Gott!» associant le nom de Dieu au salut quotidien, il s'agit là d'une survivance du salut qu'échangeaient les moines de l'ancienne Irlande – «Go mbeannaighe Dia dhuit!»

L'empire est le dénominateur commun de la Bavière actuelle, mais au-dessous on trouve l'église et le christianisme, et, en creusant plus encore, l'empire romain depuis longtemps enfoui. Bien avant qu'apparaissent les noms des Bavarois, Souabes et Franconiens, les Romains avaient occupé le pays et marqué la vie d'une manière décisive pendant un demi-millénaire. Augsbourg, Ratisbonne et Passau sont des villes romaines et d'anciens postes avancés de la culture méditerranéenne. Et, avant les Romains, il y avait eu les Celtes, qui avaient apposé l'empreinte de leur civilisation féodale primitive dans les régions entre le Main et les Alpes, avec l'apparition des premières agglomérations de type urbain, les enclos sacrés aux temples entourés d'enceintes, les «Viereckschanzen» (fortins en carré). «la continuité de l'histoire de Bavière» – elle commence, strictement parlant, avec les Celtes au IVe siècle avant J.C.

Mais c'est justement cet élément de continuité qui prête à des différenciations. En effet, dès le dernier siècle avant J.C., les Celtes des bords du Main cédèrent sous la poussée des tribus des Germains. Pour consolider la frontière des Alpes, les Romains se virent obligés, au cours de la campagne d'été en l'an 15 avant J.C., d'incorporer à leur empire les Celtes du Danube. Et nous retrouvons encore une fois la ligne du Danube, cette fois en tant que frontière avec la Germania magna, car la muraille de pierre frontalière, le limes, avance juste assez pour permettre à une

petite région souabe-franconienne de conserver le nom de la province romaine primitive – «Raetia», qui a donné son nom à notre «Ries» actuel. Ainsi donc, en fait, seules les régions du sud du Danube connaissent cette continuité des Celtes romanisés jusqu'à l'infiltration des Bavarois et des Souabes. Non pas certes les sévères historiens, mais par contre, des essayistes, observateurs pénétrants, ont toujours reconnu des traits celtiques dans le particularisme ethnique bavarois: fantaisie, goût des formes et du franc-parler, des querelles et des bagarres, l'amour des chevaux comme par exemple dans le Rottal, dans l'Innviertel et dans les environs du Samerberg.

Les principautés territoriales

Peut-être le Saint Empire supranational du Moyen-Age, qui se comprenait lui-même comme la régénération de l'Empire Romain, n'avait-il été, en fait, qu'une grande idée et un beau rêve. Toujours est-il que, lorsque la plus brillante de toutes les dynasties impériales, lorsque la lignée des Hohenstaufen s'éteignit, l'empire éclata en d'innombrables seigneuries souvent minuscules justement là où se trouvaient les anciens domaines royaux.

Nous avons tout à coup la diversité colorée de la Souabe, et bien plus encore, celle de la Franconie. Deux puissances séculières y rivalisent: Nuremberg, la grande ville impériale, et ses burggraves, les Zollern, qui édifient en deçà et au-delà du «Gebürg» (montagnes de l'Alb et du Bergland franconien) leurs propres margraviats appelés, par la suite, du nom de leur ville principale «margraviat d'Ansbach» et «margraviat de Bayreuth». Et, d'un autre côté, les trois évêchés impériaux de Wurzbourg, Bamberg et Eichstätt. Enfin, coincés entre eux,

bousculés et ballottés, les petites villes impériales et les comtés, les chevaliers impériaux et jusqu'à quelques villages impériaux. Ce monde morcelé se reflète dans la densité des villes, dans le partage successoral des fermes, dans le paysage de jardins autour de Bamberg et dans les vignobles des environs de Wurzbourg avec les murs qui les enserrent et leurs petits bâtiments d'exploitation.

Dans la vieille Bavière par contre, on conserve le duché unique, l'ancien pentagone que les Wittelsbach sauront élever au rang de principauté territoriale. Un territoire où le peuplement et l'Etat continuent de se correspondre, sous un ciel haut et dans de vastes frontières. En 1268, lorsque la lignée des Staufer s'éteint, cette même Bavière s'agrandit des domaines du jeune Conradin: c'est le premier pas au-delà du Lech.

Les évêques sont les seuls à endiguer quelque peu la puissance des Wittelsbach. Aussi bien celui d'Augsbourg que celui de Freising ou de Ratisbonne. Tous conservèrent le gouvernement théocratique de leurs villes-états. Et les évêques de Salzbourg comme de Passau purent édifier entre la Bavière et l'Autriche de véritables Etats tampons ecclésiastiques qui, aujourd'hui encore conservent de cette époque des particularités culturelles qui leur sont bien propres.

Le Tyrol, le «pays dans les montagnes», fut l'enjeu de vives convoitises et les nouveaux ducs ne cédèrent que pas à pas. Ce n'est qu'en 1504 que l'empereur Maximilian établissait les frontières actuelles en faisant mettre bas à coup de canons la forteresse de Kufstein. Et aujourd'hui encore, partout dans l'Oberland, au hasard des randonnées en montagne: derrière les sommets, chacun devine le Tyrol.

27

Les Wittelsbach

C'étaient, en fait, des comtes de l'Ouest du pays portant à l'origine le nom du château de Scheyern, berceau de la famille dont ils firent le monastère familial. Ils étaient coléreux et pieux, de grands chasseurs devant le Seigneur, avant tout pleins de bravoure, de tempérament vif comme leur peuple lui-même. Leur fidélité inébranlable à la maison des Staufer leur valut, en 1180, d'être élevés à la dignité ducale et, dans leur politique territoriale, ils firent preuve d'une conséquence sans faille. Ils savaient qu'un village frontalier était plus important qu'un royaume lointain. Une seule fois, par le mariage qui les lia à la famille des Welf (Guelfes) et par l'investiture de 1214, ils osèrent faire le saut jusqu'au Palatinat rhénan. Mais ce Palatinat, ils le conservèrent fermement en main à travers les siècles – un lien qui, sans aucun doute, valut à la Bavière plus que le lion de ses armes. Et plus tard, Louis le Bavarois, grand protecteur des moines mendiants et des villes, fut le premier de sa lignée à porter la couronne impériale de 1314 à 1347. Il repose dans la crypte des princes de Notre-Dame de Munich.

Bien sûr, les Wittelsbach, tout comme les Luxembourg, les Habsbourg et les Wettin, considéraient les territoires acquis comme des biens de droit privé. Ils procédaient à des partages, se querellaient et ne surent pas mieux que leur rival, l'évêque, s'imposer face aux bourgeois de leur capitale séculaire, Ratisbonne. Et c'est ainsi qu'on voit apparaître une nouvelle résidence ducale, Landshut, qui rivalise avec Munich, plus ancienne, et finit même par devoir partager le rang de «capitale» avec Ingolstadt, Straubing et Burghausen. De l'autre côté, dans le «Bas-Palatinat», c'est Heidelberg qui devient le bastion des Wittelsbach, mais à partir de 1338, un statthalter palatin a son siège de ce côté-ci, à

Amberg d'où il gouverne le «Haut-Palatinat», l'ancien Nordgau. Et bien plus tard, après 1505, à la suite du dernier partage, Neuburg sur le Danube vient encore augmenter le nombre de ces résidences. Et c'est ce Neuburg qui deviendra au XVIᵉ siècle un important centre du maniérisme de cour.

La spécificité ethnique et l'art

Nous pourrions oublier ces partages territoriaux car, conformément aux lois de la maison des Wittelsbach, tout a fini par revenir aux mains d'un seul, même s'il a fallu, pour cela, parcourir les longues étapes de 1505, 1628 et 1777. Mais c'est justement à cette coexistence des capitales, ecclésiastiques et séculières, que la vieille Bavière doit la naissance de ses nombreux centres culturels. Peut-être la spécificité bavaroise se dégage-t-elle pour la première fois dans l'ancienne capitale des arts, Ratisbonne. En tout cas, le gothique finissant exprime admirablement l'essence de ce peuple, son goût profond pour le naturel immédiat, la vigueur de l'expression et même pour l'impétuosité rude et tout ceci culmine ici dans ce «style danubien». Il suffit d'évoquer Erasmus Grasser et l'humour de ses danseurs maures, Hans Leinberger et le flot de plis drapant ses madones, Albrecht Altdorfer et le crépuscule rougeoyant de ses paysages forestiers.

Par contre, la Franconie morcelée est beaucoup plus difficile à ramener à une formule car elle se compose de plusieurs Franconies, celles tout au moins du Main et de la Pegnitz, ou, si vous voulez, de Wurzbourg, et de Nuremberg. Mais il reste cette écoute de soi, le goût de l'examen prudent et de la réflexion, et la sensibilité nerveuse. Qu'on pense à Albrecht Dürer et à sa minutie appliquée, à Tilman

Riemenschneider imposant à tout le pays des bords du Main la douce violence de sa volonté créatrice.

Mais la Souabe reste «l'Ombrie de l'art vieil allemand». On concurrence en beauté et en élégance, en profondeur et sincérité, en paix et aussi en douceur. Initialement, c'est Ulm qui est chef de file. Mais vers 1500, la suprématie passe à Augsbourg, l'autre grande ville impériale, ville commerciale, la ville des Fugger. Hans Holbein crée son œuvre de peintures empreintes de clarté; Loy Hering de Kaufbeuren cisèle la mélancolie silencieuse de Willibald assis dans la cathédrale d'Eichstätt.

Et cependant, les trois groupes ethniques ont tous en commun une certaine circonspection. Il leur manque ce courage qui fait aller de l'avant, et un certain degré d'assurance. Pour les Bavarois mêmes, on a parlé de leur lourdeur; pous les Souabes, on a avancé leur caractère de songe-creux; et la «manière d'être vieille Franconie» est une expression évocatrice pour tous. Il semble que ce soit l'une des particularités inhérentes à ce peuple de reprendre les impulsions venues de l'extérieur, avec un temps de retard, certes, mais ensuite d'en amener les potentiels contenus à une ultime maturité. Il en est ainsi pour le gothique finissant. Il en sera de même pour le maniérisme. Et cela se répétera avec la fin du baroque.

Il est également remarquable que, au cours de cette époque d'épanouissement, au tournant des XVᵉ et XVIᵉ siècles, ce peuple ait entrepris un nouvel effort de concentration politique avec l'établissement de «districts impériaux» individuels qui apparurent sous le règne de l'empereur Maximilien. Le «district bavarois» saute aussitôt aux yeux car il regroupe les parties de l'ancien pentagone y compris les Etats épiscopaux. Le «district franconien» rappelle vaguement l'actuelle Franconie même si le Spessart appartient encore à l'Electorat de Mayence. Quant au «district souabe», il apparaît tout d'abord comme rassemblant les régions du Neckar et du lac de Constance; mais bientôt, on assiste à la formation d'une «région d'Augsbourg» indépendante sur les terres entre l'Iller et le Lech.

Réforme et Contre-Réforme

Née de la plénitude et de l'abondance du XVIe siècle, la Réforme allemande résulte de la grande tentative de conquérir non pas Dieu pour la Nation, mais la Nation pour Dieu. Martin Luther bouleversa tout le pays et ce sont justement les grandes villes impériales qui succombèrent à ses idées formant le triangle de force Nuremberg–Augsbourg–Ratisbonne aux côtés desquelles se rangèrent ensuite, comme tout naturellement, des villes comme Weißenburg, Nördlingen ou Dinkelsbühl, Donauwörth, Kaufbeuren ou Memmingen. La conversion des margraviats et les réglements ecclésiastiques de Nuremberg-Brandenburg, en 1533, jouèrent un rôle également décisif: pour la première fois, la Franconie évangélique se profile avec ses presbytères et ses gymnases et l'on évoque l'époque où le père de Jean Paul occupait sa cure à Joditz sur la Saale ou à Schwarzenbach.

Mais initialement, il ne fut pas question d'idylle mais bien plutôt du grand conflit des confessions en train de se former. Car les Wittelsbach, en vieille Bavière, et leur peuple avec eux, restèrent fidèles à l'ancienne foi et s'érigèrent très tôt en rempart du monde catholique. Il est possible que l'entêtement propre à ce groupe ethnique, que les liens anciens avec le sud latin aient joué un rôle au début; mais il s'avère d'une importance décisive que la maison régnante joue un rôle d'initiateur du mouvement et s'identifie, chaque décennie un peu plus profondément, avec le mouvement de renouveau catholique dont l'impulsion fut donnée au Concile de Trente. Non seulement les évêchés de la vieille Bavière, mais aussi Augsbourg, Eichstätt, Wurzbourg, Bamberg et l'Electorat de Mayence se virent enrôlés de fait dans les rangs de la Contre-Réforme conduite par la Bavière derrière laquelle se profilaient la Curie et l'empire espagnol. Ce n'est que sur cette base qu'il fut possible, en 1583, de s'emparer de l'archevêché de Cologne: celui-ci affermissait le catholicisme sur le Rhin inférieur et, pendant près de deux siècles, ce fut toujours un prince de la famille des Wittelsbach qui porta le chapeau d'Electeur de Cologne et la mitre des diocèses voisins Liège, Munster ou Hildesheim.

Cette évolution culmine sous le règne du duc, puis Electeur Maximilien Ier (1597–1651) qui, pendant la guerre de Trente Ans, fit se ranger la Bavière, comme cela allant de soi, aux côtés des puissances européennes. Il imprima à tout l'espace bavarois la marque de sont attitude absolutiste en matière confessionnelle et sa forme de piété baroque – Maximilien, le grand réactionnaire qui éleva une digue contre le cours du temps, qui chercha l'éternel entre un hier illimité et un demain infini.

Le rococo bavarois

Pour tout le pays, le baroque est devenu un style artistique et un style de vie dominant dont les effets se font encore sentir à l'aube de notre époque et, à propos de la vieille Bavière, on a lancé la formule énonçant la coïncidence entre le «Bavarois et le baroque». Mais à Nuremberg, on trouve aussi l'aristocratique baroque littéraire de «L'Ordre des Fleurs de Pegnitz» et dans le Fichtelgebirge ou dans la Forêt de Franconie, on trouve encore dans certaines églises de villages perdus un «baroque de margraviat» paraissant presque catholique. Et ce baroque n'était pas une création de seconde main, bien au contraire, partout on allait le chercher directement de l'autre côté des Alpes et on y ajoutait, ici ou là, une forte coloration empreintée au genre espagnol.

Jusqu'à ce que le rococo arrive et apparaisse comme l'autolibération du baroque rejetant une charge par trop lourde, par trop emphatique. Naturellement, les premières impulsions viennent de France avec laquelle la Bavière entretient une alliance étroite depuis près de deux cents ans. Ce style culmine avec le «Blauer Kurfürst» Max Emanuel qui, pendant la grande guerre de succession au trône d'Espagne, fut l'un des principaux alliés de Louis XIV, ce qui, malheureusement, lui valut la défaite de Höchstädt et Blindheim en 1704 et un long exil en Belgique et en France. Le grand maître d'œuvre de la cour de Max Emanuel, Josef Effner, avait été élève de Boffrand et, en 1724, lorsque François Cuvilliés rentre à Munich après son séjour à Paris, le nouveau style l'accompagne dans ses bagages pour ainsi dire.

Mais par la suite, il ne s'agit plus d'un phénomène touchant seulement la cour mais s'étendant au peuple: maîtres-maçons, sculpteurs sur bois, stuccateurs et fresquistes, tous originaires du pays répondent à la gaieté de salon des Français par l'allégresse de leurs églises rococo. Les nombreux monastères anciens, sièges de grands prélats, dispersés dans le pays, entretiennent partout des églises de pélerinage et des «cures incorporées» et jouent le rôle déterminant de protecteurs et d'initiateurs. La célèbre église de Wies, près de Steingaden, n'est que la plus belle expression d'un phénomène européen. Mais jusqu'à la salle basse de la maison du paysan s'éclaircit tout à coup; dans la «belle salle» on trouve le bahut de Tölz aux riches couleurs; et dans le coin réservé au crucifix, les peintures sur verre de l'Oberland ou de la Forêt de Bavière rayonnent doucement. Ce rococo bavarois envoie ses rayons jusqu'en Haut-Autriche et dans les vallées montagnardes du Tyrol, s'étale largement surtout vers la Haute-Souabe et atteint même le lac de Constance. C'est seulement dans les pays du Main qu'il se heurte à la barrière du grand «style impérial» des évêchés de Franconie. Par contre, le rococo de Bayreuth et de la margrave Wilhelmine est un phénomène bien particulier, à la fois capricieux et raide à la manière prussienne, dosé d'une forte pointe de philosophie des lumières et d'esprit voltairien.

L'Etat de Montgelas

La philosophie des lumières, elle avait fait des débuts bien spécifiques sur les bords du Main et également au sud du Danube, mais elle fut étouffée lorsque la peur de la grande révolution saisit les autorités. Et c'est ainsi que, pour ce pays, l'ouverture dut venir de l'extérieur à l'époque de Napoléon et qu'il fallut un ministre tel que le baron, futur comte Montgelas, pour lui apporter la révolution d'en haut. Montgelas, ce Bavarois d'origine franco-savoyarde, sut tenir la barre de l'Electorat de Bavière au milieu des tourmentes les plus rudes. Mais il a aussi, pour la première fois, fait sauter les limites étroites du territoire ethnique et a largement étendu sa nouvelle Bavière aux provinces souabes et franconiennes, il lui a donné ses frontières actuelles, y compris le Palatinat rhénan qui lui fut imposé en 1816 en échange de Salzbourg. Et bien que cela représentât en tout 83 territoires différents, sans compter les domaines des chevaliers ni

les villages impériaux, et au mépris des données et des faits établis, agissant au nom de la seule raison, Montgelas les a tous fondus en un nouvel Etat monolithique, centralisé et d'une unité rigoureuse. Le principe le plus important en était l'égalité des confessions – en dépit du fait que, ainsi que le montre un simple coup d'œil aux statistiques, aucun autre Etat allemand n'avait absorbé autant de territoires ecclésiastiques en proportion de sa surperficie. Mais le symbole concret de cette nouvelle unité, c'était la couronne royale que Max Ier Joseph posa sur sa tête le premier janvier 1806. Cet événement, bien sûr, avait une justification historique: grâce à la fidélité inébranlable de ses sujets et grâce à l'attachement dont touts avaient fait la preuve admirable, l'Etat bavarois avait retrouvé sa dignité première.

Galerie des rois

Après l'extinction de la lignée bavaroise des Wittelsbach en 1777, la continuité de l'Etat fut assurée par la branche palatine de la famille. Et comme ces Palatins étaient eux-mêmes venus de l'extérieur, ils facilitèrent la soudure du nouvel Etat de Bavière. C'est ainsi que Louis Ier, le roi romantique, né à Strasbourg, est devenu le véritable continuateur de ce que Montgelas avait entrepris. Il rendit à ses peuples la fierté de leur passé, s'efforça d'insuffler une nouvelle vie au rigide Etat de Montgelas par les forces de l'histoire et de la foi. C'était un protecteur des arts généreux et ardent, un homme qui s'était mis en tête de «faire de Munich une ville qui ferait si bien honneur à l'Allemagne que quiconque n'aurait vu Munich ne connaîtrait pas l'Allemagne». Il n'a reculé que face aux exigences de la Révolution de 1848 car il n'était pas seulement un grand roi, au plus profond de son cœur, il restait un autocrate de l'eau la plus pure.

De tous les rois bavarois, le fils de Louis, Max II, est au premier abord le plus proid mais aussi le plus attirant du point du vue humain lorsqu'on y regarde de plus près. Un roi qui, toute sa vie, se montra désireux d'apprendre, était libéral au meilleur sens du mot et éleva les sciences au même rang que les arts. Généreux dans ses entreprises, c'est à lui que l'Université de Munich doit la célébrité de ses érudits en Europe et il réunit autour de lui une école de poètes pétrie de culture et de forme sévère. Il mourut en 1864, beaucoup trop tôt pour son pays.

Le brillant Louis II se fait le noble dilapidateur du royaume, le cocréateur de l'œuvre musicale dramatique de Wagner, à la fois Parsifal et Louis XIV dans les lointains châteaux de contes de fées. L'Etat lui échappe, certes, ainsi que la Bavière elle-même que la diplomatie de Bismarck a ramenée au sein du nouveau Reich, mais en revanche, l'idée de royauté s'exile dans un univers de rêve et d'imagination. «Roi, le seul vrai roi de ce siècle, salut, Sire!» écrit Paul Verlaine en 1886.

La Constitution de 1818

Peut-être était-ce vraiment ainsi, peut-être la Bavière ne fut-elle réellement gouvernée ni par Louis II nir par le prince-régent Luitpold, mais bien plutôt par les ministres. Et cette situation aurait duré de 1864 jusqu' à la Première Guerre Mondiale. Mais ils ont bien gouverné et, même au sein du Reich de Bismarck, ils ont conservé au pays sa situation privilégiée garantie par une charte. Et puis, la Bavière avait toujours sa propre Constitution qui faisait du roi le détenteur de tous le pouvoirs – une de ces vénérables constitutions de la période du Vormärz (période précédent 1848) –, constitution adoptée dès 1818. Certes, à l'origine, la Constitution bavaroise n'avait été qu'une concession accordée par la couronne aux nouvelles régions du pays qui garantissait simplement le droit fondamental des états de se constituer en diètes se réunissant régulièrement, le droit d'accepter l'impôt et de participer à l'élaboration des lois. Mais, au fil des années, ces diètes se révélèrent justement comme un lien interne de l'Etat aux couleurs «blanc et bleu».

L'impulsion la plus importante émana de la diète extraordinaire de 1848 qui adopta quatorze lois décisives en l'espace de quinze jours, parmi elles la loi «De l'abrogation des juridictions des seigneurs et des propriétaires terriens et de l'abrogation, fixation et du rachat des servitudes foncières». Nous ne voulons pas nous faire l'écho de ceux qui parlent ici, un peu vite, «d'abolition du servage», mais c'est seulement à partir de cette date que le paysan fut véritablement libre, que la communauté villageoise put vivre les yeux tournés vers cet admirable XIXᵉ siècle dont témoignent les tableaux d'un Wilhelm Leibl ou les livres d'un Ludwig Thoma. Que la Bavière fût un pays à vocation rurale, on n'a cessé de le proclamer avec fierté. En dépit des exploits d'inventeurs bavarois, de Senefelder à Rudolf Diesel, l'industrialisation ne s'est faite qu'avec beaucoup de retard. Seules d'anciennes villes impériales aux vieilles traditions artisanales, comme Nuremberg et Augsbourg, ont osé s'aventurer dans ce domaine, de toutes les provinces, seules la Haute-Franconie et le Palatinat rhénan se hasardèrent sur cette voie.

Et Munich brillait

Mais l'aspect le plus étonnant de ce XIXᵉ siècle, c'est l'évolution de Munich, résidence royale, au milieu de sa vaste plaine au pied des montagnes, devenant de plus en plus un centre d'attraction pour tout le pays. Elle surpassa alors de beaucoup la capitale des arts de Louis Ier ou la capitale culturelle de Max II et, sous le prince-régent, Munich était devenue, à mi-chemin entre Paris et Vienne, le point de rencontre d'une jeunesse venue de tous les pays. Munich qui s'étirait dans toutes les directions de la rose des vents, montait à l'assaut du ciel avec ses coupoles, ses pignons et ses tours se multipliant, poussait dans la campagne verte les tentacules de ses rues charriant des flots humains. Avec ses façades et ses places presque méridionales, tout inondées de lumière et baignant dans une allégresse secrète. Et l'un de ses faubourgs s'appelait Schwabing, un nom qui évoquait toute une conception du monde à lui seul.

Dr Georg Hirth éditait son inoubliable revue «Jugend» et Albert Langen fondait le «Simplicissimus». La vie gravitait autour du «prince des peintres» Franz von Lenbach avec son inflexible «Ça ne va pas comme ça»; autour de la «Sezession» et du nouvel impressionnisme; autour des «Blaue Reiter» et des premiers tableaux abstraits. Stefan George fondait un groupe où les disciples entraient comme en prêtrise; Frank Wedekind, lui, se faisait chansonnier et célébrait les puissances du mal. Le tout ponctué de fêtes d'artistes et de bals de carnaval, et, à la Fête de la Bière de 1901, Franz Blei mangeait un poulet grillé à la broche avec un certain Monsieur Uljanow-Lenin: «Il avait un sens de l'humour qui allait de pair avec un charme non moins grand ainsi qu'on le rencontre souvent chez des hommes qui sont sûrs d'eux-mêmes et de leur cause ... il n'avait pas bonne opinion de la puissance de l'intelligence humaine, et après avoir émis cet avis, il s'est mis à parler de la bière avec son autre voisin.»

Naturellement, lorsque, plus tard, en 1918, l'Etat et la Constitution connurent leur grande crise, c'est Schwabing qui lança le mot d'ordre de la Révolution. Et c'est précisément dans cette Bavière conservatrice que tomba la première couronne et que l'on fit payer au roi une note qui, en fait aurait dû être présentée à l'empereur. Munich traversa de son mieux la période troublée de l'après-guerre jusqu'à ce que perce, dans la vie culturelle et quotidienne, un quelque chose qui ressemblait à une variante bavaroise des «Folles Années Vingt». Richard Strauss a vécu dans cette ville à partir de 1924.

Le plat pays au-dehors se réveillait comme sortant d'un rêve. Il secouait le charme sous lequel le tenait la capitale depuis un siècle. On assistait à un renouveau de l'attachement au «pays» et de la chanson populaire, à des manifestations patriotiques des monarchistes, les fêtes traditionnelles de fusiliers, les spectacles en plein air, les processions se multipliaient. On devenait spectateur de son propre passé dans une soudaine transfiguration poétique.

La Bavière en Europe

Pour autant que cela fasse sourire: le sentiment d'appartenir à l'ethnie des origines, l'attachement à l'idée de l'Etat tel qu'il s'était formé au XIXᵉ siècle, c'est ce qui a assuré la cohésion de la Bavière. Même après 1933, lorsque la souveraineté des laender fut confisquée par le Reich nazi; et même en 1945, alors qu'il n'y avait plus rien qu'une énorme faillite. Dès 1946, on édifiait un toit de secours en élaborant une nouvelle constitution bavaroise et la perte du Palatinat rhénan démantelé ne faisait qu'augmenter encore l'homogénéité du territoire national. En 1949, on n'accepta le Provisorium de Bonn qu'avec réticence, par un faible oui dans la presse et un grand non au parlement.

Mais la Bavière a encore changé de visage au cours des vingt dernières années. Munich est devenue une métropole internationale et, dans les statistiques de la population active du pays tout entier, partout l'ouvrier et l'employé ont pris le relais du paysan. A ceci s'ajoute l'intense migration interne en Allemagne; elle se déclencha sous la pression des événements de 1939 et se poursuit jusqu'à aujourd'hui en poussées continues. Au point que ce que les vieux statisticiens appelaient encore avec bienveillance «le gain dû aux migrations» est devenu une vague qui menace de submerger Munich. Par contre, la Forêt de Bavière ou le Haut-Palatinat, de vastes régions de la Bavière rurale se vident lentement mais continuellement de leur population... mais seulement, il s'en trouve toujours bien un pour s'asseoir et parler d'histoire, parler du malaise devant tant de choses nouvelles et pour dire qu'il voudrait conserver sa «royale tranquillité bavaroise». Les Ecossais, les Bavarois, les Géorgiens, les Monténégrins, les Basques – ils se ressemblent tous un peu. Ils ont tous un certain sentiment de leur valeur qui, né du contentement de soi, n'est pas facile à détruire.

Et si la nouvelle Europe doit devenir une Europe des patries ou, bien mieux, une Europe des régions, il faut, pour l'édifier, un optimum humain. Il faut un pays qui joue tous les atous offerts par la diversité de ses paysages et de ses traditions et formant pourtant un tout solide et réconfortant. Qui puisse encore être gouverné autrement que selon un canevas stéréotypé. Un pays où il y a encore assez d'espace pour respirer mais dont les frontières, pas trop éloignées, préservent du vertige des lointains. Le fruit de plus d'un millénaire d'histoire qui vous concerne et vous porte, vous donne la certitude de la permanence.

Un optimum humain: nous aimerions et pouvons sans doute croire que le royaume «blanc-bleu» du XIXe siècle en était un – et que l'Etat libre et démocratique du XXe siècle pourrait continuer d'en être un.

Die Bilder

1 Berchtesgaden mit Watzmann

1 Berchtesgaden with the Watzmann

1 Berchtesgaden et le Watzmann

Daß diese vielbesuchte Landschaft, die für manchen das alpenländische Bayern schlechthin verkörpert, überhaupt zu Bayern gehört, ist letztlich einem Franzosen zu verdanken. Erst die Umwälzungen, die Napoleon Bonaparte über ganz Europa brachte, machten nämlich die bis dahin reichsunmittelbare und damit weitgehend souveräne Fürstpropstei Berchtesgaden zu einem Teil des Königreichs Bayern – sicherlich zu einem der schönsten.

Das kleine Land mitten in den Bergen verdankt seine Erschließung einem Augustiner-Chorherrenstift, das sich, in eine menschenleere Wildnis gesetzt, dank des Salzes und des damit verbundenen Reichtums zu einem der bedeutendsten Klöster des Heiligen Römischen Reiches entwickelte.

Und vom Salz lebt der Markt Berchtesgaden – zumindest mittelbar – auch heute noch, bildet doch das Salzbergwerk eine der Hauptattraktionen für den Tourismus – inzwischen der wichtigste Wirtschaftszweig im ganzen Berchtesgadener Land.

Berühmter noch als das Salzbergwerk oder die früher in ganz Europa begehrten Berchtesgadener Grobschnitzereien ist freilich der im Hintergrund aufragende Watzmann, dessen gewaltige, zum Königssee hin abfallende Ostwand ein Traumziel für jeden Kletterer darstellt.

We have to thank a Frenchman that this much-visited landscape, which for many people is the absolute embodiment of Alpine Bavaria, belongs to Bavaria at all. The upheaval which Napoleon Bonaparte caused in the whole of Europe made the former provosts' district of Berchtesgaden, which was under immediate imperial rule and therefore to a large extent sovereign, into a part of the kingdom of Bavaria – surely one of the most beautiful.

This little region in the midst of the mountains owes its development to an Augustine foundation which, set in an unpopulated wilderness, grew into one of the most important monasteries of the Holy Roman Empire due to the salt and its ensuing riches.

And today the market town of Berchtesgaden still lives from salt – at least indirectly, since the salt mines are one of the greatest attractions for tourists – which in the meantime is the most important branch of industry in the whole of the region of Berchtesgaden.

Even more famous than the salt-mines or the carvings which used to be sought after in the whole of Europe, is surely the Watzmann, rising steeply in the background; its mighty east face which falls down to Königssee represents an ideal goal for any climber.

Que cette région attirant de nombreux touristes, et représentant même purement et simplement, aux yeux de certains, la Bavière alpine, soit comprise dans les limites de la Bavière, c'est un fait que l'on doit à un Français. En effet, il faut attendre les bouleversements que Napoléon Bonaparte apporta dans toute l'Europe pour voir la principauté-prieuré de Berchtesgaden, qui jusque là dépendait directement de l'empire et était donc largement souveraine, devenir partie intégrante du royaume de Bavière – et sans doute l'une des plus belles.

Ce petit pays au milieu des montagnes doit sa mise en valeur à un monastère de chanoines augustins qui, établi dans une contrée déserte et inhabitée, est cependant devenu l'un des plus importants monastères du Saint Empire Romain grâce au sel et à la richesse dont il était la source.

Et la ville de marché de Berchtesgaden vivait du sel – du moins indirectement – elle en vit aujourd'hui encore car la mine de sel constitue l'une des principales attractions touristiques – et ce sel est devenu le secteur industriel le plus important dans toute la région de Berchtesgaden.

Mais bien plus célèbre encore que la mine de sel ou que les grossières sculptures sur bois autrefois recherchées dans toute l'Europe, voici, bien sûr, le Watzmann se dressant à l'arrière-plan et dont la puissante paroi est tombant sur le Königssee hante les rêves de tout alpiniste.

2 Kloster Höglwörth

Es hat nie eine bedeutende Rolle gespielt, das kleine Kloster Höglwörth bei Anger unweit Bad Reichenhall. Aber vielleicht liegt es gerade daran, daß es noch heute so ursprünglich, so unverändert, gleichsam wie von der Geschichte vergessen auf seiner Insel im gleichnamigen Moorsee liegt.

Dabei reichen seine Wurzeln weit zurück in die Karolingerzeit, als es gleichsam als geistlicher Vorposten der Benediktiner des Salzburger Traditionsklosters St. Peter wirkte, gegründet zur Mission und zur Kultivierung eines Landes, das noch weithin Wildnis war.

Es folgten nach dem Ungarnsturm bescheidene Blüte und Verfall als Augustiner-Chorherrenstift St. Peter und Paul, ehe seit der zweiten Hälfte des 17. Jahrhunderts im Zuge des Wiederaufschwungs jene Bauten entstanden, die auch heute noch zu sehen sind: eine reizvoll um zwei Höfe gegliederte Gruppe eher bescheidener Wohn- und Wirtschaftsgebäude, festungsartig geschlossen, darin die schlichte Hallenkirche, deren vornehm-zurückhaltender Schmuck die Ruhe der Landschaft hineinträgt ins Gotteshaus.

2 The monastery of Höglwörth

The little monastery of Höglwörth near Anger, not far from Bad Reichenhall, has never played an important role, but perhaps for that very reason it still lies so unchanged, so unspoilt, practically forgotten by history on its island in the moorland lake of the same name.

Yet its roots go right back to Carolingian times when it served as an outpost for the Benedictines of the long-standing Salzburg monastery of St Peter, founded to missionize and cultivate a land which was still to a large extent wilderness.

After attack by the Hungarians a period of modest prosperity followed as the Augustine foundation of St Peter and Paul before the buildings which are to be seen today were erected during the course of the revival in the second half of the C17. A charming group of rather unassuming residential and farm buildings are joined as a stronghold around two courtyards, also the simple hall-church; its elegantly unobtrusive decoration carries the peacefulness of the landscape into the House of God.

2 La monastère de Höglwörth

Il n'a jamais joué un rôle important, le petit monastère de Höglwörth près d'Anger, non loin de Bad Reichenhall. Et c'est peut-être justement pour cette raison qu'il se dresse aujourd'hui encore dans toute son originalité première, comme oublié par l'histoire, sur son île au milieu du lac marécageux de même nom.

Et pourtant, ses racines remontent au temps des Carolingiens où il jouait en quelque sorte le rôle d'avant-poste ecclésiastique des Bénédictins de l'ancienne maison de Salzbourg, Saint Pierre; il avait été fondé pour faire œuvre de mission et de mise en valeur dans une région encore en grande partie sauvage.

Sous le nom de monastère de chanoines des Augustins Saint-Pierre et Paul, il connut un modeste épanouissement après les invasions des Magyars, puis la décadence avant que ne soient édifiés, au cours de la période de redressement qui marqua la seconde moitié du XVIIe siècle, les bâtiments que l'on peut voir aujourd'hui encore: des bâtiments d'exploitation et d'habitation groupés d'une façon charmante autour de deux cours, formant une enceinte fermée aux airs de forteresse avec, à l'intérieur, son église très simple aux trois nefs de même hauteur et à la décoration d'une réserve élégante qui semble apporter dans la maison de Dieu la paix du paysage.

3   Georgi-Ritt in Traunstein

Jedes Jahr am Ostermontag formiert sich im Hof des Traunsteiner Hofbräuhauses ein farbenprächtiger Festzug zum traditionellen Georgi-Ritt. Bis zu 350 Pferde sollen es schon gewesen sein, die dem heiligen Georg, dem Drachentöter, der in Bayern lange vor dem heiligen Leonhard als Roßheiliger verehrt worden ist, das Geleit gaben.

Mit einem großen Gefolge von Engeln, römischer Reiterei, mittelalterlichen Rittern, Fahnenträgern, Trommlern und Pfeifern, dazu der Geistlichkeit, von Vertretern der lokalen Obrigkeit in Kutschen, von Trachtengruppen und Blaskapellen begleitet, zieht der Heilige zu dem uralten Kirchlein von Ettendorf, wo der Pfarrer nach dreimaligem Umritt die Pferde segnet. Damit gilt der Traunsteiner Georgi-Ritt zu Recht als die größte und prächtigste seiner Art.

Noch am selben Nachmittag findet auf dem Stadtplatz der seit 1530 bezeugte »Schwertertanz« statt. Bei diesem Schreittanz zeigen sechzehn Tänzer und ein Vortänzer in der Landsknechtstracht nachempfundenen Kostümen verschiedene Figuren, die den Sieg des Frühlings über den Winter symbolisieren.

3   "Georgi-Ritt" in Traunstein

Each year on Easter Monday a colourful procession forms in the courtyard of the Traunstein Hofbräuhaus for the traditional St George's ride. Up to 350 horses have at times accompanied St George, the slayer of dragons, who was revered as the saint of horses long before St Leonhard.

Accompanied by groups in traditional costumes and by brass bands the saint proceeds to the ancient little church of Ettendorf, followed by angels, Roman cavalry, mediaeval knights, standard bearers, drummers and pipers, members of the clergy and representatives of the local authorities in coaches. After they have ridden around the church three times, the priest blesses the horses. The St George's ride in Traunstein is held to be the biggest and most magnificent of its kind.

On the same afternoon the "sword-dancing", which is on record since 1530, takes place on the town square. In this stepping dance the sixteen dancers and their leader, all in copies of mercenaries' costumes, demonstrate various figures which symbolize the victory of spring over winter.

3   Le cortège du Saint-Georges à Traunstein

Chaque année, le lundi de Pâques, on assiste, dans la cour de la Hofbräuhaus de Traunstein, à la formation d'un cortège solennel haut en couleurs se préparant au traditionnel «Georgi-Ritt», la ‹chevauchée› de la Saint-Georges. Il y aurait eu jusqu'à 350 chevaux pour faire escorte à Saint Georges, le tueur de dragons que les Bavarois vénéraient comme protecteur des chevaux bien avant Saint Léonard.

Accompagné d'une longue escorte d'anges, de cavaliers romains, de chevaliers du Moyen-Age, de porte-drapeaux, de tambours et de fifres, de gens d'église, de représentants des autorités locales dans des calèches, de groupes folkloriques accompagnés d'orchestres à cuivres, le saint est transporté en procession à la très ancienne et petite église d'Ettendorf où les chevaux viennent recevoir la bénédiction du prêtre après avoir exécuté trois tours. Aussi n'est-ce pas à tort que la ‹chevauchée› de la Saint-Georges de Traunstein est considérée comme la plus importante et la plus somptueuse de ce genre.

L'après-midi du même jour, sur la grande place de la ville, on peut assister à la «danse des épées», tradition remontant à 1530. Il s'agit d'une marche sur laquelle seize danseurs et un premier danseur en costumes rappelant l'habit traditionnel des valets de ferme exécutent diverses figures qui symbolisent la victoire du printemps sur l'hiver.

Die ideale Lage im weiten Tal der Ache zwischen den Chiemgauer Alpen und dem Kaisergebirge, dazu die unmittelbare Nähe des Chiemsees machen Reit im Winkl zu einem Ferienort par excellence. Dies gilt nicht nur für die Sommerfrische, sondern erst recht für den Winterurlaub, denn die Pisten in der näheren Umgebung des Ortes gelten als die schneereichsten und schneesichersten Deutschlands.

Eingeweihte wußten dies schon, noch ehe die »Skimädchen« von der Winklmoosalm ihre großen sportlichen Triumphe feierten. Doch seit den Olympischen Winterspielen 1976 ist dieses Gebiet fast zu einer Art Wallfahrtsstätte für die leidenschaftlichen Anhänger des alpinen Skisports geworden.

Wer es den Mittermaier-Schwestern gleichtun will, der fahre von Reit im Winkl in Richtung Ruhpolding – die Betonung liegt wohlgemerkt auf der ersten Silbe – bis zum Campingplatz Seegatterl. Von dort führt eine romantische aber leider gebührenpflichtige Bergstraße ins bayerische Ski-Paradies.

4 Reit im Winkl

Its ideal situation in the broad valley of the Ache between the Chiemgau Alps and the Kaiser Mountains, also the proximity of Chiemsee make Reit im Winkl a holiday resort par excellence. This does not only apply to the summer months but in particular for winter holidays, since the ski-pisten in the immediate vicinity count as those with the most snow in Germany for the longest period.

The initiated knew this long before the ski-girls from the Winklmoosalm celebrated their great sportive triumphs. However since the Olympic Winter Games of 1976 this area has become almost a place of pilgrimage for the enthusiastic fans of Alpine skiing. Whoever wishes to emulate the Mittermaier-sisters should travel from Reit im Winkl in the direction of Ruhpolding – the emphasis lies on the first syllable (which means "quiet") – as far as the camping site of Seegatterl. From this point a romantic mountain road, unfortunately a tollway, leads to the Bavarian ski-paradise.

4 Reit im Winkl

Sa situation idéale dans la large vallée de l'Ache, entre les Alpes de Chiemgau et le Kaisergebirge, et la proximité du lac de Chiemsee font de Reit im Winkl un lieu de villégiature privilégié. Cela ne vaut pas seulement pour la saison estivale mais bien plus encore pour les vacances d'hiver car les pistes des environs immédiats ont la réputation d'être les plus enneigées et avec le plus de certitude dans toute l'Allemagne.

Les initiés le savaient bien avant que les skieuses du Winklmoosalm ne fêtent leurs grands triomphes sportifs. Mais depuis les Jeux Olympiques d'hiver de 1976, cette région est devenue une sorte de lieu de pèlerinage pour les adeptes du ski alpin. Que ceux qui se proposent de marcher sur les pas des sœurs Mittermaier quittent Reit im Winkl en direction de Ruhpolding – attention! prononcez en accentuant la première syllabe – jusqu'au terrain de camping de Seegatterl. De là, une route de montagne romantique, mais à péage malheureusement, mène au paradis des skieurs bavarois.

5 Burg Hohenaschau

5 The castle of Hohenaschau

5 Le burg Hohenaschau

Mitten aus dem Priental erhebt sich ein freistehender Höhenzug, der das Tal wie ein natürlicher Riegel sperrt. Auf ihm steht seit dem 12. Jahrhundert die Stammburg der Herren von Hohenaschau-Wildenwarth, die als Vögte zunächst auf Salzburger, später auf Chiemseer Gut aus dem Ministerialenstand zur Adelsherrschaft aufstiegen. Nach dem Niedergang des Geschlechts im 14. Jahrhundert wechselte die Burg mehrfach den Besitzer, bis sie 1875 von dem Industriellen Theodor von Cramer-Klett erworben wurde.

Der am Fuß des Burgbergs ausgebreitete Ort Hohenaschau ist Talstation der Kampenwand-Seilbahn, mit deren Hilfe man bequem den beliebten Kletterberg der Münchner Bergsteiger erreicht.

An isolated ridge rises in the middle of the Prien valley which acts as a natural bar. On it the seat of the Lords of Hohenaschau-Wildenwarth has stood since the C12. As bailiffs firstly of Salzburg then of Chiemsee lands, they rose from ministerial rank to the aristocracy, but after the demise of the line in the C14 the castle changed hands several times until it was bought by the industrialist, Theodor von Cramer-Klett in 1875.

The village of Hohenaschau spreads out at the foot of the castle hill, and is the valley terminus of the Kampenwand cable railway, with the help of which one can easily reach the favourite climbing ground of Munich's mountaineers.

Au milieu de la vallée de la Prien s'élève une chaîne de sommets isolés fermant la vallée comme un verrou naturel. Il est surmonté, depuis le XIIᵉ siècle, du château-fort qui fut le berceau de la famille von Hohenaschau-Wildenwarth, qui, baillis sur des domaines de Salzbourg, puis de Chiemsee, s'élevèrent de la noblesse de robe à l'aristocratie. A la suite de la décadence de la lignée, au XIVᵉ siècle, le château changea plusieurs fois de propriétaire jusqu'à ce que l'industriel Theodor von Cramer-Klett en fasse l'acquisition en 1875.

Hohenaschau, la localité qui s'étend au pied de la montagne, est le point de départ du funiculaire du Kampenwand qui permet d'atteindre en toute commodité cet endroit privilégié pour l'escalade et très populaire chez les Munichois.

6   Große Spiegelgalerie auf Schloß Herrenchiemsee

6   Great Hall of Mirrors in the palace of Herrenchiemsee

6   Grande galerie des glaces au château de Herrenchiemsee

Mit Herrenchiemsee hat König Ludwig II. nicht nur sein Versailles geschaffen, er hat damit auch seinem politisch unerreichbaren Traum eines sakrosankten, absoluten Königtums und dem Sonnenkönig als dessen strahlendstem Vertreter ein Denkmal gesetzt.

Bezeichnenderweise hat Ludwig II. die »Grands Appartements du Roi«, deren künstlerischen Mittelpunkt die Spiegelgalerie und das Paradeschlafzimmer bilden, nie selbst bewohnt. Ihm genügte das »Kleine Appartement« im Nordflügel des Schlosses, und auch dort hat er sich nur ein einziges Mal aufgehalten.

With Herrenchiemsee King Ludwig II not only created his Versailles but he set a monument to his politically unattainable dream of a sacrosanct absolute kingdom, and to the Roi Soleil as its most brilliant representative.

Characteristically, King Ludwig never lived in the "Grands Appartements du Roi" where the Hall of Mirrors and the state bedchamber form the artistic focal-point. He was satisfied with the "small appartment" in the north wing of the palace, and even there he only stayed on one occasion.

Avec Herrenchiemsee, le roi Louis II n'a pas seulement érigé son château de Versailles, il a aussi élevé un monument à son rêve politique inaccessible d'une royauté absolue de caractère divin et au Roi-Soleil, le plus brillant représentant de cette idée.

Il est significatif que Louis II n'ait jamais habité lui-même les «Grands Appartements du Roi» dont la galerie des glaces et la chambre d'apparat forment le centre d'intérêt artistique. Il se contentait des «Petits Appartements» dans l'aile nord du château, et, même dans ces appartements, il n'a séjourné qu'une seule fois.

7 Kloster Seeon

7 The monastery of Seeon

7 Le monastère de Seeon

Die eng aneinandergeschmiegten Klosterbauten auf der kleinen Insel im Seeoner See lassen noch etwas erahnen von der Beschaulichkeit des monastischen Lebens, die das uralte Benediktinerkloster Seeon einst geboten haben mag.

Die dreischiffige romanische Basilika mit den beiden gedrungenen Türmen ist mehrfach dem jeweiligen Zeitgeschmack entsprechend umgestaltet worden und bietet nunmehr ein reizvolles Ineinander von Romanik, Gotik und Barock, ergänzt durch reiche Wandmalereien aus dem späten 16. Jahrhundert. Die berühmte spätgotische Seeoner Madonna freilich steht heute im Bayerischen Nationalmuseum in München.

The monastery buildings which nestle close together on the little island in Lake Seeon still give one some idea of the tranquility of monastic life which the ancient Benedictine foundation of Seeon must have offered in bygone days.

The three-aisled Romanesque basilica with its two squat towers has been altered several times to comply with prevailing tastes, and now shows a charming mixture of Romanesque, Gothic and baroque, enriched by frescoes from the C16. The famous madonna of Seeon however now stands in the Bavarian National Museum in Munich.

Les bâtiments du monastère, blottis les uns contre les autres sur la petite île au milieu du lac de Seeon, permettent encore de se faire une idée du caractère contemplatif de la vie monastique telle qu'elle s'écoulait autrefois entre les murs de ce très ancien monastère bénédictin de Seeon.

La basilique romane à trois nefs, avec ses deux tours trapues, a subi à plusieurs reprises des transformations effectuées selon le goût de l'époque correspondante et c'est pourquoi elle offre maintenant l'image d'un charmant mélange de roman, de gothique et de baroque que viennent compléter de riches peintures murales datant de la fin du XVIe siècle. La célèbre Madone de Seeon en style fin du gothique se trouve aujourd'hui, comme de bien entendu, au Bayerisches Nationalmuseum à Munich.

Der schmale Kammrücken über der Salzach, der die Festung Burghausen trägt, dürfte schon in vorgeschichtlicher Zeit befestigt worden sein.

Die erhaltene Anlage entstand seit 1253 und gilt mit über einem Kilometer Länge als die größte Abschnittsburg Deutschlands. Zur Zeit der bayerischen Landesteilungen war sie neben Landshut der zweite Burgsitz der niederbayerischen Herzöge. Unter Georg dem Reichen wurde die Hauptburg großzügig zum stärksten militärischen Bollwerk des Herzogtums ausgebaut. Hier lagerte der sagenhafte Schatz der »Reichen Herzöge«, hier wurden die wichtigsten Staatsgefangenen festgehalten. Hier starb auch nach Jahren der Gefangenschaft der Erzfeind der Landshuter, Herzog Ludwig im Bart von Bayern-Ingolstadt.

The narrow ridge above the Salzach which carries the fortress of Burghausen must already have been fortified in prehistoric times.

The remaining lay-out was built after 1253, and with its length of more than one kilometre counts as the largest entrenchment in Germany. At the time of the division of Bavaria it was, next to Landshut, the second castle of the Dukes of Lower Bavaria. Under Georg the Rich the main part was converted on a large scale into the strongest military fortress of the duchy. Here the legendary treasure of the "Rich Dukes" was stored, and here the most important prisoners of state were kept. It was here also that Duke Ludwig the Bearded of Bayern-Ingolstadt, the arch-enemy of the Landshuter, died after years of imprisonment.

L'étroite crête surplombant la Salzach où se dressent les fortifications de Burghausen semble avoir été fortifiée dès l'époque préhistorique.

La partie conservée remonte à 1253 et, avec sa longueur de plus d'un kilomètre, elle est considérée comme la forteresse la plus grande d'allemagne. A l'époque de la division de la Bavière, elle était, outre Landshut, la deuxième résidence fortifiée des ducs de Basse-Bavière. Sous Georges le Riche, la partie principale fut agrandie et aménagée avec une largesse de moyens qui en firent le bastion militaire le plus puissant du duché. C'est là que dormait le trésor légendaire des «Ducs Riches» et qu'on gardait les prisonniers d'Etat les plus importants. Et c'est là également que mourut, après des années de captivité, le grand ennemi de la maison de Landshut, le duc Ludwig im Bart de Bavière-Ingolstadt.

9 Altötting – in der Gnadenkapelle

Durch die im 15. Jahrhundert aufblühende Marienwallfahrt ist der uralte Pfalzort Altötting zum eigentlichen Zentrum der bayerischen Volksfrömmigkeit geworden.

Die kleine Gnadenkapelle geht wohl schon auf agilofingische Zeit zurück und ist damit eine der ältesten Kirchen Deutschlands. Zahllose Wallfahrer, allen voran die wittelsbachischen Landesherren, haben dem ehrwürdigen Gnadenbild, der »Schwarzen Muttergottes«, ihre Votivgaben gewidmet. So kündet der annähernd lebensgroße »Silberne Prinz« von der Dankbarkeit Kurfürst Karl Albrechts für die Errettung des Kurprinzen Max Joseph vor schwerer Krankheit, während die bescheideneren Votivgaben der einfachen Leute Wände und Decken des Kapellenumgangs füllen.

9 Altötting – in the Chapel of Mercy

Through the flourishing pilgrimages to the Virgin Mary in the C15, the ancient Palatine town of Altötting became the real centre of piety among the ordinary people of Bavaria.

The little Chapel of Mercy dates back to Agilolfingian times and is therefore one of the oldest churches in Germany. Countless pilgrims, the Wittelsbach rulers in the van, have dedicated their votive gifts to the "Black Madonna". The life-size "Silver Prince" shows the gratitude of the Elector Karl Albrecht for the recovery of his son, Prince Max Joseph, from a serious illness, while the more modest votive pictures of the ordinary folk adorn the walls and ceiling of the ambulatory.

9 Altötting – dans la chapelle de la grâce

En raison de l'épanouissement de ce lieu de pélerinage à Marie, au XVe siècle, Altötting, très ancienne ville impériale, est devenue en quelque sorte le centre de la piété populaire en Bavière.

La petite chapelle de la Grâce remonte très certainement à l'époque des Agilolfinger ce qui en fait l'une des plus anciennes églises d'Allemagne. D'innombrables pélerins, à commencer par les seigneurs du pays, les Wittelsbach, ont apporté leurs offrandes à la vénérable image miraculeuse, la «Madone Noire». C'est ainsi que le «Prince d'Argent», à peu près grandeur naturelle, témoigne de la reconnaissance de l'Electeur Karl Albrecht pour la guérison du prince Max Joseph atteint d'une grave maladie tandis que les offrandes plus modestes des gens du peuple couvrent les murs et les plafonds du déambulatoire de la chapelle.

Der Name kündet noch von den Ursprüngen, denn tatsächlich war es eine Wasserburg, die den schmalen Zugang zu der Halbinsel in der Innschleife sicherte, auf der heute die Stadt steht. Diese ist einst durch die Salzstraße reich geworden, doch mit deren Verlegung über die Rosenheimer Innbrücke ist es still um sie geworden, und auch die Industrialisierung ist in großem Bogen an ihr vorbeigegangen.

So zeigt sich Wasserburg in der Anlage noch heute so, wie es nach dem großen Brand von 1338 wieder aufgebaut worden ist. Nahezu unverfälscht hat sich die typische, eigenständige Innstadt-Architektur erhalten, deren intime Behaglichkeit Wasserburg zu einer der schönsten alten Städte Deutschlands macht.

The name bears witness to its origins, since Wasserburg was actually a moated castle which protected the narrow entrance to the peninsula in the bend of the river Inn on which the town now stands. The latter once became rich through the salt road, but with its diversion over the Inn bridge at Rosenheim things became quiet, and later industrialization also made a wide berth around it.

Thus the lay-out of Wasserburg can be seen today as it was after the great fire of 1338. The typical independent architecture of towns on the Inn has remained almost unspoilt, and its intimacy makes Wasserburg one of Germany's most beautiful old towns.

Son nom trahit encore ses origines, car en effet il s'agissait bien d'une forteresse «sur l'eau» qui gardait l'accès étroit à la presqu'île formée par la boucle de l'Inn sur laquelle est située la ville actuelle. Autrefois, la route du sel avait fait la richesse de cette ville, mais, avec le déplacement des passages vers le pont sur l'Inn de Rosenheim, elle a été oubliée et l'industrialisation n'est pas venue la sortir de sa torpeur.

Aussi Wasserburg présente-t-elle aujourd'hui encore la même image qu'après sa reconstruction à la suite du grand incendie de 1338. L'architecture caractéristique et bien propre à cette ville des bords de l'Inn a été conservée dans une pureté presque totale et l'agrément et la simplicité qui la caractérisent font de Wasserburg l'une des anciennes villes les plus belles d'Allemagne.

11 »Adam und Evahaus« bei
Bayrischzell

Das »Adam und Evahaus« ist ein
prächtiges Beispiel eines
oberbayerischen Einfirsthofes. Bei
diesem Bauernhaustyp liegen alle
Wohn- und Wirtschaftsbauten unter
einem Dach. Der flache Giebel des
Wohnteils weist auf die ursprüngliche
Deckung mit Legschindeln und
Schwerstangen hin, während der
mittelsteile Giebel des Stallteils eine
Konzession an die Sachzwänge der
modernen Landwirtschaft darstellt.

Die in Freskotechnik ausgeführte
»Lüftlmalerei« mit Fensterumrahmung
und freistehenden Figuren ist typisch
für den ostoberbayerischen Raum, in
solcher Qualität und reicher
Ausführung aber selten zu finden.

11 "Adam and Eve House" near
Bayrischzell

The "Adam and Eve house" is a
splendid example of an Upper Bavarian
single-ridged farmhouse. In this type of
farm both residential and farm
buildings lie under one roof. The low
gable of the residential part points to
the original roofing with shingles and
batons while moderate pitch of the
stabling section shows a concession to
the practicality of modern farming.

The "Lüftlmalerei" carried out in
fresco technique with its decoration
around the windows and statuesque
figures is typical for the eastern part of
Bavaria, but is seldom found in such
quality and profusion.

11 «Adam und Evahaus» près de
Bayrischzell

Le «Adam und Evahaus», la «maison
d'Adam et Eve» est un magnifique
exemple de l'architecture des fermes de
Haute-Bavière. Ce type de ferme réunit
sous un seul toit tous les bâtiments
d'habitation et d'exploitation. Le
pignon plat de la partie réservée à
l'habitat indique la technique de
couverture originale au moyen de
bardeaux à plat sur de lourdes poutres
tandis que la pente moyenne du pignon
de la partie abritant les étables apparaît
comme une concession aux impératifs
de l'exploitation agricole moderne.

Les peintures murales, réalisées selon
les techniques de la fresque, consistent
en décorations des encadrements de
fenêtres et figurations isolées
caractéristiques de la région est de
Haute-Bavière mais une telle qualité et
une telle richesse d'exécution se
rencontrent rarement.

12 Im Leitzachtal unterm Wendelstein

Wer von der Ausfahrt Irschenberg der Autobahn München–Salzburg in Richtung Bayrischzell fährt, kommt nach einigen Kilometern im engen Tal der Leitzach zwischen Hundham und Fischbachau in einen der romantischsten Winkel Oberbayerns. Im Leitzachtal ist alles zu finden, was das Bergland bieten kann: blühende Täler, Almen mit saftigen Matten, grauer Fels unter blauem Himmel – nur ist hier alles eine Spur kleiner, sanfter, intimer. Auch der das Tal beherrschende Felskopf des Wendelsteins ist nur wenig über 1800 Meter hoch und überdies mit zwei Bergbahnen zu erreichen. So ist das Leitzachtal ein ideales Erholungsgebiet, in dem man wandern, faulenzen und ganz einfach nur den Tag genießen kann.

12 In the valley of the Leitzach beneath the Wendelstein

After leaving the motorway Munich–Salzburg at the Irschenberg exit and driving a few kilometres towards Bayrischzell, the traveller comes into the narrow valley of the Leitzach between Hundham and Fischbachau, one of the most romantic spots in Upper Bavaria. Everything is to be found in the Leitzach valley which a mountainous district can offer: blossoming valleys, high mountain pastures with juicy grazing, grey rocks under a blue sky – except that here everything is a fraction smaller, more gentle, more intimate. Even the peak of the Wendelstein which dominates the valley is only a little more than 1800 metres high, and in addition can be reached by two mountain railways. On account of this, the Leitzach valley is an ideal recreation area in which one can walk, laze, and simply enjoy oneself.

12 Dans la vallée de la Leitzach au pied du Wendelstein

Lorsque, ayant quitté l'autoroute Munich–Salzbourg à la sortie d'Irschenberg, on prend la direction de Bayrischzell, au bout de quelques kilomètres, on arrive dans la vallée étroite de la Leitzach entre Hundham et Fischbachau: l'un des endroits les plus romantiques de Haute-Bavière. Dans la vallée de la Leitzach, on trouve tout ce que peut offrir la montagne: des vallées fleuries, des alpages recouverts d'un tapis d'herbe juteuse, des roches grises sous le ciel bleu – mais, ici, tout est un peu moins écrasant, plus doux, plus familier. Même la pointe rocheuse du Wendelstein qui surplombe la vallée ne dépasse que de peu les 1800 m d'altitude, et, de plus, deux chemins de fer de montagne en permettent l'accès. La vallée de la Leitzach est donc un lieu de détente idéal où on peut faire des randonnées, flâner ou ne rien faire d'autre que goûter une belle journée.

Wer den trotz fortschreitender Landschaftszersiedelung immer noch zauberhaften Ausblick auf das Tegernseer Tal genießen will, fährt entweder mit der Kabinenseilbahn auf den Wallberg oder er benutzt die bei der Talstation hinter Rottach-Egern beginnende Mautstraße und setzt sich geruhsam auf eine der dicht unter dem oberen Parkplatz stehenden Aussichtsbänke.

Der Eingeweihte freilich verzichtet auf all diese mechanischen Aufstiegsmittel. Er erwandert sich den Wallberg von Rottach-Egern aus auf dem gut markierten »Winterweg« in zwei bis drei Stunden, und weil ihm dort oben die lautstarke Unterhaltung der meist landfremden »Halbschuhtouristen« zuwider ist, wendet er sich ohne langes Verweilen dem schönen Höhenweg hinüber zu Risserkogel und Plankenstein zu, wo er an manchen Werktagen noch echte Bergeinsamkeit genießen kann.

Whoever wishes to enjoy the view over the Tegernsee valley, which in spite of the increase in low-density building is still enchanting, should either go with the cable-car railway up the Wallberg or use the toll road which begins at the valley terminus behind Rottach-Egern, and then sit quietly on a bench below the upper parking lot.

The initiated naturally does without all these mechanical means of getting to the top. He climbs up the Wallberg on the well-signposted "Winterweg" in two or three hours, and since the loud conversation of the mainly "foreign", inadequately outfitted tourists is not to his taste, he turns without more ado towards the lovely ridge path to the Risserkogel and the Plankenstein where on occasional weekdays he can still enjoy real mountain solitude.

Pour savourer la vue sur le Tegernsee, qui reste très belle malgré l'altération du paysage par une construction incessante, il y a deux solutions; ou bien on monte sur le Wallberg par la télécabine ou bien on prend la route à péage qui part de la vallée derrière Rottach-Egern et on s'assoit tranquillement sur l'un des bancs placés à cet effet juste au-dessous du parking le plus élevé.

Les initiés, bien sûr, se passent de tous ces moyens d'accès mécaniques. Ils escaladent le Wallberg en une ou deux heures en empruntant un chemin de randonnée bien balisé, le «Winterweg» qui part de Rottach-Egern, puis, arrivés en haut et comme ils se sentent importunés par les conversations bruyantes des «touristes en chaussures de ville», la plupart du temps étrangers au pays, ils ne s'attardent pas et continuent par le chemin des crêtes vers Risserkogel et Plankenstein où, en semaine, il est parfois encore possible de savourer la vraie solitude des montagnes.

14   Bad Tölz

14   Bad Tölz

Als Tölzer wird man in der Regel geboren. Mit sehr viel Glück und Einfühlungsvermögen kann man auch einer werden. Sicher ist freilich: Wer einmal ein Tölzer ist, bleibt es sein Leben lang. Das sprichwörtlich Bodenständige, Altbayérische, die tiefe Verbundenheit auch mit der engeren Heimat – in Tölz ist dies alles lebendiger als anderenorts.

Und wer die Geborgenheit kennt, die diese Stadt unter den Vorbergen ausstrahlt, das Anheimelnde, das von ihrer breiten Marktstraße, von ihren behäbigen alten Patrizierhäusern ausgeht, der beneidet die Tölzer um dieses ihr schönstes Privileg: Tölzer zu sein.

As a rule one has to be born a Tölzer. With a good deal of luck and tact one may also become one. This is certain: once a Tölzer always a Tölzer. The proverbial nativeness, "Old Bavarian", the strong ties with one's particular homeland – all this is more alive in Tölz than elsewhere.

And those who know the security which radiates from the little town under the Alpine foothills, the cosiness which proceeds from its broad market street and its solid patrician houses, they envy the Tölzer his highest privilege: that of being a Tölzer.

Les «gens de Bad Tölz» possèdent quelque chose de bien à eux qui ne s'acquiert que par la naissance dans ce pays. Avec beaucoup de chance et d'intuition, on peut aussi devenir l'un des leurs. Mais une chose reste certaine: quiconque a jamais partagé cette spécificité de ceux de Bad Tölz ne pourra s'en défaire sa vie durant. Ce trésor commun, c'est en quelques mots l'attachement au terroir, aux traditions de l'ancienne Bavière et aussi l'amour profond de la région natale – à Tölz, tout cela est plus vivant que partout ailleurs.

Et quiconque a goûté le sentiment de sécurité que l'on connaît dans cette petite ville des contreforts montagneux, ce sentiment d'être bien chez soi qu'on pressent tout le long de sa large Markstraße et qui se dégage de ses anciennes maisons patriciennes bien assises sur leurs fondations, alors on porte envie à ceux de Tölz pour ce privilège, leur plus beau privilège: être de Tölz.

15 Im Isarwinkel bei Sachsenkam

15 In the Isarwinkel near Sachsenkam

15 Dans l'Isarwinkel près de Sachsenkam

Wenn sich der Winter in die Felsregionen des Hochgebirgs zurückzieht, die Wiesen aper sind und die Knospen schwellen, dann wird es langsam Zeit für eine Wanderung durch die Vorgebirgslandschaft des Isarwinkels. Denn dort kann man sie noch finden, die kleinen Kostbarkeiten der Natur, die anderswo längst den Herbizid-Schwaden einer überschußorientierten Landwirtschaft zum Opfer gefallen sind. Auf den moorigen Wiesen wächst noch das Schneeglöckchen, der zarte, weißblühende Krokus, und selbst die seltenen Wildformen der Narzisse lassen sich vereinzelt finden und – bitte nicht mehr! – liebevoll betrachten.

Wem dabei noch nicht warm genug ums Herz wird, der wende sich dem nahen Kloster Reutberg zu. Dort findet er im gemütlichen Bräustüberl Schutz vor dem frischen Bergwind und einen kräftigen Schluck dazu.

When winter retreats into the rocky regions of the High Alps, when the meadows are free of snow and the buds swell, then it will soon be time for a walk through the foothill scenery of the Isarwinkel. Then here one can still find them, the little jewels of nature which in other places have long since fallen victim to the pesticide clouds of an agricultural policy aimed at surplus. Snowdrops and delicate white crocuses still grow in the marshy meadows and even a solitary rare wild narcissus can be found and gazed at with pleasure – please not more than that!

If your heart is not warmed sufficiently by this, you can always turn to the nearby monastery of Reutberg and find shelter from the chilly mountain wind in the "Bräustüberl", and a good drink as well.

Lorsque l'hiver se retire dans les régions rocheuses des hautes montagnes, que les alpages sont libérés de leur manteau de neige et que les bourgeons gonflent, alors vient l'époque où il faut faire une randonnée dans la région préalpine de l'Isarwinkel. Car cette région nous permet encore de découvrir ces petits trésors de la nature qui, partout ailleurs, ont depuis longtemps succombé aux pulvérisations d'herbicides préconisées par une agriculture tournée vers la production d'excédents. Dans les prairies moussues, le perce-neige et le crocus aux fleurs blanches et délicates poussent encore et, ici ou là, on peut même trouver quelques espèces rares du narcisse sauvage et – mais pas plus, s'il vous plaît! – les observer avec ravissement.

Et si tout cela ne suffit pas à donner chaud au cœur, on peut pousser jusqu'au monastère de Reutberg tout proche. La salle d'auberge de sa brasserie offre un abri confortable contre le vent frais qui souffle des montagnes et l'occasion de boire «un bon coup».

Sie stellt schon eine bewundernswürdige technische Leistung dar, die steile und kurvenreiche Kesselbergstraße, vor allem, wenn man bedenkt, daß sie schon im 15. Jahrhundert als direkte Handelsverbindung zwischen München und Venedig angelegt worden ist – auf Befehl Herzog Albrechts IV., der einer der weisesten Herrscher Bayerns war.

Aus ihren zahlreichen Kehren ergeben sich berückend schöne Ausblicke auf den Kochelsee, dessen kristallklare, vom Schnee der umliegenden Berge gespeiste Fluten Trinkwasserqualität besitzen. Neben dem höher gelegenen Walchensee ist er der sauberste Badesee Deutschlands.

The steeply curving Kesselberg road displays an amazing technical achievement, especially when one remembers that it was constructed as early as the C15 as a direct trading route between Munich and Venice – by order of Duke Albrecht IV who was one of the wisest rulers of Bavaria.

From its numerous bends one has enchantingly beautiful views of the Kochelsee. Its crystal clear waters are supplied by the snow of the surrounding mountains and are pure enough to drink. With the Walchensee which lies above it, it is the cleanest bathing lake in Germany.

La route abrupte, sinueuse et encaissée entre les montagnes représente en elle-même une admirable performance technique, surtout lorsqu'on sait qu'elle fut construite dès le XVe siècle pour assurer une liaison commerciale directe entre Munich et Venise – sur l'ordre du duc Albrecht IV, qui fut l'un des seigneurs bavarois les plus avisés.

Les caprices de ses nombreux lacets font découvrir des vues d'une rare beauté sur le Kochelsee dont les eaux cristallines provenant de la fonte des neiges sur les montagnes voisines sont potables. Avec le Walchensee, situé plus haut, c'est le lac le plus propre d'Allemagne.

17 Krokusblüte vor dem Karwendel

17 Crocus time in front of the Karwendel

17 Fleurs de crocus devant le Karwendel

Die Krokusblüte auf den Wiesen am Fuße des Karwendel gehört zu den bezauberndsten Naturerlebnissen des bayerischen Oberlands. Während in den Karen des mächtigen Wörner, der Tiefkarspitze und der Westlichen Karwendelspitze der Schnee noch bis in die Tallagen reicht, öffnen sich auf den sumpfigen Wiesen Abertausende kleiner Blütenkelche und bedecken das schüttere Grün mit einem zarten weißen Schleier.

Dem Bergfreund sagen sie, daß es nun bald wieder hinaufgeht auf die vielen Karwendelgipfel, die den Bergsteiger ebenso begeistern wie den Kletterer und die – von unten betrachtet – auch dem Wanderer ohne Gipfeldrang sein Bergerlebnis bieten.

The crocuses in the meadows at the foot of the Karwendel belong to the most magical manifestations of nature in the Bavarian upland. Whilst the snow still reaches down into the valleys in the ridges of the mighty Wörner, the summits of the Tiefkar and the western Karwendel, thousands of little buds open in the swampy meadows and cover the sparse green with a delicate white veil.

They tell keen mountaineers that it is almost time to go up into the many peaks of the Karwendel which fill the mountaineer as well as the rock-climber with enthusiasm and – seen from below – offer a mountain experience to the walker who has no desire to climb to the top.

La fleur de crocus dans les prairies au pied du Karwendel, voilà l'un des plus charmants spectacles offerts par la nature dans l'Oberland bavarois. Tandis que la neige descend encore dans les vallées des synclinaux du puissant Wörner, de la Tiefkarspitze et de la pointe ouest du Karwendel, des milliers et des milliers de petits calices s'épanouissent dans les prairies marécageuses et couvrent d'un délicat voile blanc le vert de l'herbe plus clairsemée.

Pour l'amoureux des montagnes, c'est le signe que les nombreux sommets du Karwendel seront bientôt accessibles, ces sommets qui attirent aussi bien l'alpiniste que l'amateur d'escalade et qui – vus d'en bas – offrent leur aventure en montagne également aux amateurs de randonnées que la conquête des sommets ne tente pas.

Er war einmal ein bedeutender Handelsplatz, der Markt Mittenwald, um die Wende vom Mittelalter zur Neuzeit, als die Mittenwalder noch Untertanen des Bischofs von Freising waren. In Mittenwald nämlich trafen sich alljährlich die venezianischen Handelsherren mit ihren deutschen Partnern, um abzurechnen: es war der Knotenpunkt des deutschen Italienhandels.

Später hat sich der Handel andere Wege gesucht. Mittenwald aber hat mit seinem weltberühmten Geigenbau zu neuem Wohlstand gefunden, von dem noch heute die erhaltenen Beispiele prächtiger Fassadenmalerei zeugen.

The market town of Mittenwald was once an important trading centre at the end of the middle ages until the modern times while the people of Mittenwald were still subjects of the Bishop of Freising. In Mittenwald the Venetian merchants annually met their German partners to settle accounts: it was the centre of German–Italian trade.

Later the trade sought other routes. Mittenwald however had found new prosperity with its world-famous violin making, and there is still witness to this in the remaining splendid examples of fresco-painting on the façades.

Autrefois, c'était un centre de négoce important; Mittenwald était une place de marché à l'époque qui se situe entre le Moyen-Age et les temps modernes, alors que les habitants de la ville étaient encore sujets de l'évêque de Freising. En effet, c'est à Mittenwald que se rencontraient tous les ans les négociants vénitiens et leurs partenaires allemands pour y régler leurs affaires.

Par la suite, les routes du commerce se sont déplacées. Mais Mittenwald a su créer une nouvelle source de richesses avec son industrie de la lutherie célèbre dans le monde entier, une activité dont témoignent les façades avec leurs admirables fresques murales conservées jusqu'à aujourd'hui.

19 Die Zugspitze

Als westlicher Gipfel der Wettersteinkette, die als mächtiger Riegel zwischen Mittenwald und Garmisch-Partenkirchen Bayern von Österreich trennt, erhebt sich die Zugspitze hoch über das Werdenfelser Land. Nur 37 Meter fehlen ihr zum Dreitausender, aber auch so ist sie der höchste Berg Bayerns und damit auch Deutschlands. Genaugenommen ist sie freilich nur deren höchster halber Berg, denn die Tiroler haben sich ein großes Stück aus dem wuchtigen Felsmassiv herausgeschnitten. Dementsprechend gibt es auch zwei Möglichkeiten, ohne Anstrengung auf den Gipfel zu kommen, nämlich die bayerische Zahnradbahn und die österreichische Kabinenseilbahn. Für den Bergsteiger ist die Zugspitze eine ernste Bergtour, die Ausdauer, Erfahrung und gute Ausrüstung verlangt.

19 The Zugspitze

The Zugspitze rises high above the Werdenfelser land as the most westerly summit of the Wetterstein chain of mountains which divide Bavaria from Austria between Mittenwald and Garmisch-Partenkirchen like a mighty barrier. It only needs another 37 metres to be a "three-thousander", but even without them it is the highest mountain in Bavaria and therefore in Germany. To be precise, it is only the highest half-mountain, since Tyrol has taken a large slice of this huge mass of rock. For this reason there are two possibilities of reaching the summit with no great effort, namely the Bavarian cog-railway and the Austrian cable-car railway. For the mountaineer the Zugspitze is a serious matter which demands endurance, experience and good equipment.

19 La Zugspitze

Sommet ouest de la chaîne du Wetterstein qui, formant un puissant verrou entre Mittenwald et Garmisch-Partenkirchen, sépare la Bavière de l'Autriche, la Zugspitze domine de toute son altitude le Werdenfelser Land. Il ne lui manque que 37 m pour atteindre les trois mille mètres mais c'est pourtant le plus haut sommet de Bavière et donc d'Allemagne. Pour être plus précis, elle n'est que la plus haute demi-montage car les Tyroliens se sont taillé une large part dans ce puissant massif rocheux. Aussi y a-t-il deux possibilités d'accéder au sommet sans effort, le chemin de fer à crémaillère bavarois et le téléphérique autrichien. Pour l'alpiniste, la Zugspitze est une expédition à ne pas prendre à la légère qui exige de l'endurance, de l'expérience et un bon équipement.

20 Der Eibsee

Der fast tausend Meter hoch gelegene Eibsee war einmal eines der romantischsten Fleckerl Bayerns und eines der landschaftlich großartigsten dazu, eingebettet unter die steil abfallenden Nordwände der Zugspitze und der Waxensteine, und an manchen ruhigen Werktagen im zeitigen Frühjahr oder im späten Herbst ist er dies auch heute noch.

Während der Saison freilich bietet der Eibsee ein eindrucksvolles Beispiel für perfekt durchrationalisierten Massentourismus mit all jenen akustischen und architektonischen Begleiterscheinungen, die den Reiseveranstalter froh, den Naturfreund aber eher traurig stimmen.

20 The Eibsee

Eibsee, which lies at a height of almost a thousand metres, was once one of the most romantic spots in Bavaria and one of the most beautiful in addition, tucked away under the steeply sloping north face of the Zugspitze and the Waxenstein, and on a few quiet weekdays in early spring or late autumn it is still so.

During the season however, Eibsee is an impressive example of perfectly organised mass-tourism, with all the acoustic and architectural accompaniments which make the tourist-guide happy but the nature-lover sad instead.

20 L'Eibsee

Ce lac situé à une altitude de près de mille mètre était autrefois l'un des endroits les plus romantiques de Bavière et, encastré entre les parois nord de la Zugspitze tombant en abrupt et celles du Waxenstein, il offrait un panorama grandiose. Et, certains jours ouvrables d'un printemps précoce ou d'un automne tardif, il a conservé ce caractère.

Mais pendant la saison, l'Eibsee est un exemple impressionnant d'un tourisme de masse parfaitement rationalisé avec tous les phénomènes acoustiques et architectoniques que cela implique, pour le plus grand bonheur des agences de voyage, mais à la grande tristesse de l'ami de la nature.

Der Sage nach war es ein Zeichen einer aus Italien mitgebrachten Marienstatue, das Kaiser Ludwig den Bayern 1330 zur Gründung des Klosters Ettal bewog. Das angegliederte Ritterstift weist jedoch darauf hin, daß strategische Erwägungen wohl die ausschlaggebende Rolle gespielt haben.

Die Klosterkirche ist in ihrem Kern ein hochgotischer Zentralbau und damit eine architektonische Rarität. Ab 1710 wurde sie nach einem Brand nach Plänen des Münchner Hofbaumeisters Enrico Zuccalli barock umgestaltet und erhielt statt des Zeltdaches ihre heutige Kuppel. 1803 säkularisiert, wurde Ettal erst mehr als hundert Jahre später dank privater Stiftungen wieder Benediktinerabtei.

According to legend it was a sign from the statue of the Virgin brought from Italy which caused Emperor Ludwig the Bavarian to found the monastery of Ettal in 1330. The adjoining knights' foundation however indicates that strategic considerations must have played a determining role.

The monastery church is in essence a high-Gothic centralized building and thereby an architectural curiosity. After a fire, it was redesigned from 1710 on in the baroque style by the master builder of the court in Munich, Enrico Zuccalli, and instead of a pyramid roof was given its present cupola. Secularized in 1803, Ettal became a Benedictine abbey again more than a hundred years later as a result of private donations.

La légende dit que c'est en réponse à un signe émanant d'une statue de la Vierge rapportée d'Italie que l'empereur Louis le Bavarois décida en 1330 de fonder le monastère d'Ettal. Mais l'ordre de chevaliers qui y fut rattaché indique cependant que des considérations d'ordre stratégique ont sans doute joué un rôle déterminant.

L'église du monastère est un bâtiment central et le gothique rayonnant en est le style dominant ce qui en fait une rareté architectonique. A partir de 1710, à la suite d'un incendie, elle fut transformée en style baroque d'après des plans de l'architecte de la cour de Munich, Enrico Zuccalli et son toit en bâtière fut remplacé par la coupole actuelle. Sécularisé en 1803, Ettal ne redevint monastère de Bénédictins que plus de cent ans après grâce à des dons privés.

22 Das »Lüftlmalerhaus« in
Oberammergau

22 The "Lüftlmalerhaus" in
Oberammergau

22 Le «Lüftlmalerhaus» à
Oberammergau

Oberammergau ist nicht nur durch sein Passionsspiel und seine künstlerisch hochwertigen Schnitzarbeiten weltberühmt geworden, sondern auch durch den prächtigen Fassadenschmuck seiner Häuser. Diese Fresken im bayerisch-österreichischen Alpengebiet werden als »Lüftlmalerei« bezeichnet. Sie entstanden meist gegen Ende des 18. Jahrhunderts und haben im Werdenfelser Land wie auch im Pfaffenwinkel einen eigenständigen Stil entwickelt, der in vielen Beispielen an das Barocktheater erinnert.

Unser Bild zeigt das »Lüftlmalerhaus«, das um 1780 von Franz Zwinck, einem der großen Meister dieser Kunst, gestaltet worden ist.

Oberammergau is not only famous for its Passion Play and its artistically valuable carvings, but also for the splendid decorated façades of its houses. In the Bavarian-Austrian alpine region these frescoes are called "Lüftlmalerei". Most of them were created towards the end of the C18, and in both Werdenfelserland and the Pfaffenwinkel they developed a unique style which in many instances reminds one of baroque theatre.

Our picture shows the "Lüftlmalerhaus" which was painted about 1780 by Franz Zwinck, one of the great masters of this art.

Oberammergau ne doit pas seulement à son Jeu de la Passion et à ses sculptures sur bois de grande valeur artistique d'être devenue célèbre dans le monde mais aussi à la somptueuse ornementation des façades de ses maisons. Dans les régions alpines bavaroises et autrichiennes, on désigne ces fresques du terme de «Lüftlmalerei». Pour la plupart, elles apparurent vers la fin du XVIIIᵉ siècle et, dans le Werdenfelser Land comme dans le Pfaffenwinkel, un style original s'est dégagé qui, dans de nombreux exemples, rappelle le théâtre baroque.

Notre photo montre le «Lüftlmalerhaus» qui fut décorée vers 1780 par Franz Zwinck, un des grands maîtres dans cet art.

Es gibt sie heute noch, die uralte Linde im Graswangtal, nach der zuerst der Hof eines Bauerngeschlechts, dann ein königliches Jagdhaus, schließlich das Sommerschloß Ludwigs II. benannt wurde.

Unter den bayerischen Königsschlössern ist Linderhof sicher das intimste, privateste, einfühlsam einer Landschaft angepaßte, die eher durch die Lieblichkeit der Vorberge als durch die schroffe Majestät des Hochgebirgs geprägt ist. Tatsächlich kann auch die verschwenderische Rokokofassade nichts daran ändern, daß das Schloß – zunächst als einfache Holzkonstruktion in Ständerbauweise konzipiert – eher einer Villa des späten 19. Jahrhunderts gleicht. Dagegen wahrt die ganz im Barock- und Rokokostil gehaltene Innenausstattung den glanzvollen höfischen Charakter.

It still stands to this day, the ancient linden tree in the Graswang valley which gave its name firstly to the home of a farming family, then to a royal hunting lodge and finally the summer palace of Ludwig II.

Of all the Bavarian royal palaces, Linderhof is surely the most intimate, the most private, sympathetically fitted into a landscape which is marked by the softness of the foothills rather than the rough majesty of the high mountains. In reality the extravagant rococo façade cannot alter the fact that the palace – conceived first of all as a simple timber construction in framed system – looks more like a C19 villa. In constrast the interior decorations, totally baroque in style, preserve the grand courtly character.

Il existe encore, dans le Graswangtal, le tilleul plusieurs fois centenaire qui donna son nom, d'abord à la ferme d'une famille de paysans, ensuite au pavillon de chasse d'un roi, et enfin à un château, résidence d'été de Louis II.

De toutes les résidences royales de Bavière, Linderhof est sans aucun doute la plus intime et la plus personnelle, s'harmonisant subtilement avec un paysage plus empreint du charme des contreforts montagneux que de la rude majesté des hautes montagnes. En effet, même le luxe d'ornementation de la façade rococo ne peut rien changer au fait que le château – à l'origine, une simple construction en bois et à colombages – ressemble plutôt à une villa de la fin du XIXe siècle. Par contre, la décoration intérieure tout entière en baroque et en rococo affirme le caractère brillant de résidence royale.

Bayern ist reich an prachtvollen Barock- und Rokokokirchen. Wenn unter diesen vielen eine so unbestritten den Rang der schönsten behaupten kann, so muß schon etwas Besonderes um sie sein.

Eine Christusfigur – der Heiland an der Geißelsäule – hat den Anstoß für eine Wallfahrt, diese wiederum den Anlaß zum Bau einer Kirche gegeben, die weltweit zum Symbol der bayerischen Barockkultur geworden ist. Ihr Baumeister, der geniale Dominikus Zimmermann, hat von seinem Meisterwerk nicht mehr lassen wollen: Nahe der Kirche hat er sich ein kleines Haus gebaut, wo er wenige Jahre später auch gestorben ist.

Bavaria has a profusion of splendid baroque and rococo churches. For one of this multitude to prove itself worthy of the title "most beautiful", it must be something very special.

A figure of Christ at the Scouring-post initiated a pilgrimage, and this in its turn was reason to build a church which has since become symbol of Bavarian baroque art all over the world. Its architect, the brilliant Dominikus Zimmermann, did not want to leave his masterpiece. He built himself a little house near the church and died there only a few years later.

La Bavière est riche en sompteuses églises baroques et rococo. Et pour que l'une d'elles se voie conférer avec une telle unanimité le titre incontesté de «plus belle entre toutes», il faut vraiment qu'elle ait quelque chose de particulier.

Une statue du Christ – La Flagellation du Sauveur – fut le point de départ d'un pélerinage, lequel entraîna la construction d'une église qui est devenue dans le monde entier le symbole de la culture baroque en Bavière. Son maître d'œuvre, le génial Dominikus Zimmermann, n'a pas voulu s'éloigner de son chef-d'œuvre. Non loin de l'église, il s'est construit une petite maison où il est mort quelques années plus tard.

25 Auf der Ilka-Höhe am Starnberger See

Sonntags im August hat man mitunter den Eindruck, als habe sich die Einwohnerschaft der nahen Landeshauptstadt geschlossen an seinen Badeständen versammelt, aber wenn sich die Volksmassen wieder verlaufen haben, entfaltet der Starnberger See seinen besonderen Reiz, und im zeitigen Frühjahr oder im späten Herbst kann man ihn noch unverfälscht vom Touristenrummel genießen.

Bereits im vorigen Jahrhundert galt es als Privileg einer zahlungskräftigen – schon damals nicht immer einheimischen – Oberschicht, sich an seinen Ufern anzusiedeln, und vielleicht war dies ein Glück, denn auf diese Weise ist ihm die protzige Isolierglas-Architektur bundesdeutscher Wohlstands-Alterssitze weithin erspart geblieben. Und wer heute zwischen Feldafing und Berg die noble Patina parkumlagerter Schlößchen, schloßartiger Villen und distinguierter Landhäuser aufnimmt, mag sich zurückversetzt fühlen in die Zeit, da hier die legendenumwobene Sissi den unglücklichen König Ludwig traf.

25 On the Ilka-height by Lake Starnberg

On Sundays in August one has the impression that the whole population of the nearby capital of the country has gathered on its bathing beaches, but when the masses have dispersed again Lake Starnberg discloses its special charm, and in early spring or late autumn one can enjoy it unmarred by the hubbub of tourists.

Already in the last century it was considered a privilege of the wealthy upper class to settle on its shores – and even in those days the residents were not merely locals. Perhaps this was an advantage, since in this way it has been preserved from the insulated-glass architecture of retired German affluents. Looking today at the elegant patina of the castelets in their parks, the spacious villas and the distinguished land-houses between Feldafing and Berg, one can imagine oneself back in the days when the Sissi of countless legends met the ill-fated King Ludwig.

25 Sur le mont Ilka près du lac de Starnberg

Le dimanche, en août, on a parfois l'impression que tous les habitants de la capitale de Bavière toute proche se sont réunis sur ses plages, mais lorsque la foule s'est dispersée, le lac de Starnberg retrouve son charme particulier et, par une journée de printemps précoce ou d'automne tardif, il est encore possible de le goûter à l'état pur, épargné par l'agitation touristique.

Au siècle dernier déjà, élire domicile sur ses rives était considéré comme le privilège d'une certaine classe pourvue de confortables moyens financiers, et cela fut peut-être une chance car, de cette manière, il a été épargné aux rives de ce lac d'être couvertes de ces produits ostentatoires d'une architecture du verre isolant caractéristiques des résidences de retraités allemands. Et aujourd'hui, entre Feldafing et Berg, lorsqu'on se laisse aller au charme d'une époque révolue émanant de ces manoirs entourés de parcs, de ces villas aux airs de châteaux et de ces élégantes maisons de campagne, on se sent transporté à l'époque où la légendaire Sissi rencontrait, en ce même endroit, le malheureux roi Louis.

Im Herzen Oberbayerns, zwischen dem Starnberger und dem Ammersee, erhebt sich der »Heilige Berg«, Mittelpunkt einer einst blühenden und auch heute noch beachtlichen Wallfahrt. Eine einzigartige Sammlung von Opferkerzen kündet von der Frömmigkeit der Pilger. Und wie es sich für eine bayerische Wallfahrt gehört, steht neben der Kirche das Bräustüberl, wo ein selbstgebrautes dunkles Starkbier aus den Zapfhähnen rinnt, dessen Süffigkeit manchen Zweifel an den letztendlichen Beweggründen der vielen Andechs-Pilger aufkeimen läßt.

In the heart of Upper Bavaria between Starnbergersee and Ammersee, rises the "Holy Hill", centre of the former thriving place of pilgrimage which is today still remarkably active. A unique collection of votive candles bears witness to the piety of the pilgrims and, as becomes a Bavarian pilgrimage, a tavern stands next to the church, where a home-brewed dark strong beer flows from the taps. Its excellent taste leaves some doubt as to the real purpose of many of the Andechs pilgrims.

Au cœur de la Haute-Bavière, entre le lac de Starnberg et l'Ammersee, s'élève la «Montagne Sacrée», lieu de pélerinage autrefois florissant, et aujourd'hui encore très important. Une extraordinaire collection de cierges votifs témoigne de la piété des pélerins. Et, ainsi qu'il est de coutume dans tous les lieux de pélerinage bavarois, l'église est côtoyée de la salle d'hôtes de la brasserie où une forte bière brune brassée par le monastère coule des tonneaux en perce, une bière qui a du corps et qui fait germer certains doutes sur les motifs profonds des nombreux pélerins d'Andechs.

Wie so viele Städte in Bayern verdankt auch Landsberg seine Entstehung dem Salzhandel. Als Gründung Heinrichs des Löwen hatte die »Landespurc« den Verbindungsweg zwischen Bayern und Schwaben zu schützen, der hier den Lech querte.

Noch heute kündet die über weite Teile erhaltene Stadtbefestigung von der einstigen Wehrhaftigkeit. Das im Bild gezeigte Bayertor stammt aus der zweiten Stadterweiterung im 15. Jahrhundert. Die Mauern umschließen eine stattliche Landstadt, die ihren eigentümlichen Reiz aus der Verbindung bayerischer und schwäbischer Elemente gewinnt.

Like so many towns in Bavaria, Landsberg owes its existence to the salt trade. Founded by Henry the Lion, the "Landespurc" (castle of the land) had to defend the connecting road between Bavaria and Swabia which crosses the Lech at this point.

Today the town defences, which are preserved to a great extent, show the former strong fortifications. The Bayertor in the picture dates from the second extension of the town in the C15. The walls enclose a stately country town which owes its peculiar charm to a mixture of Bavarian and Swabian elements.

Comme tant de villes en Bavière, Landsberg doit également sa naissance au commerce du sel. La «Landespurc» avait été fondée par Henri le Lion dans le but de protéger la route reliant la Souabe à la Bavière qui traversait le Lech à cet endroit.

Aujourd'hui encore, les fortifications de la ville en grande partie conservées témoignent de la vocation de défense qu'elle avait autrefois. Le «Bayertor» (Porte de la Bavière) de la photo date de la deuxième vague de travaux d'agrandissement entrepris au XVe siècle. Les murailles entourent une ville de province assez importante qui doit son charme particulier au mélange des éléments bavarois et souabes.

Wer den Namen Dachau hört, denkt zunächst an das Konzentrationslager, von dem heute eine vielbesuchte Gedenkstätte zeugt. Doch hätte die beschauliche Landstadt weiß Gott freundlichere Assoziationen verdient, denn es war nicht die Schuld der Dachauer, daß sich die braunen Schergen gerade vor ihrer Haustür einnisteten.

So denke man beim Namen Dachau lieber an das reizvolle, guterhaltene Stadtbild, an den bayerischen Dichter Ludwig Thoma, an das einstmals mächtige Wittelsbacher-Schloß, dessen erhaltener Südwest-Trakt die größte Renaissance-Holzdecke Mitteleuropas birgt, und man denke an das Dachauer Volksfest, wo die Maß Festbier sehr viel weniger als auf dem Oktoberfest kostet.

Whoever hears the name of Dachau thinks primarily of the concentration camp which is commemorated today by a much-visited memorial. Yet the tranquil country town surely should have deserved more friendly associations, then it was not the fault of the inhabitants that the brown henchmen nested right in front of their doors.

When we hear the name Dachau let us rather think of the delightful well-preserved town, of the Bavarian poet Ludwig Thoma, of the mighty Wittelsbach palace where the largest wooden Renaissance roof in mid-Europe can be seen in its remaining south-west wing, and of the Dachau Folk Festival where the beer costs much less than it does at the Oktoberfest.

Le nom de Dachau évoque tout d'abord le camp de concentration dont l'emplacement a été aménagé en lieu du souvenir et attire aujourd'hui de nombreux visiteurs. Et pourtant, cette agréable petite ville aurait, certes, mérité de susciter des associations plus aimables car ce n'est pas la faute de ses habitants si les sbires en uniforme marron ont justement choisi de s'installer devant leur porte.

Le nom de Dachau devrait plutôt évoquer la charmante vieille ville bien conservée, l'écrivain bavarois Ludwig Thoma, le château – autrefois imposant – des Wittelsbach dont l'aile conservée – l'aile sud-ouest – abrite le plafond de lambris Renaissance le plus grand d'Europe centrale; ce nom devrait également évoquer la fête populaire de Dachau où la chope de bière coûte beaucoup moins cher qu'à la Fête de la Bière.

Er war nicht beliebt in Bayern, der Amerikaner Sir Benjamin Thompson, der es im Dienst des nicht minder unbeliebten Kurfürsten Karl Theodor immerhin vom Leibadjutanten zum Oberbefehlshaber der Kurpfalzbayerischen Armee und zum Titel eines Grafen Rumford gebracht hatte. Immerhin waren es seine Soldaten, die im Zuge der Heeresreform den sumpfigen Hirschanger nördlich der Stadtmauer trockengelegt und zu einem »Militärgarten« im englischen Stil gestaltet haben.

Dieser ist inzwischen lange schon zivil geworden, ein Ort des typisch münchnerischen Leben-und-Lebenlassens, der Raum gibt für die unterschiedlichsten Arten der Freizeitgestaltung, und wer über die weiten Parkflächen spaziert und den Ausblick auf die vieltürmige Silhouette genießt, der hätte eigentlich allen Grund, ihm dankbar zu sein, dem Grafen Rumford.

The American, Sir Benjamin Thompson, was not popular in Bavaria. In the service of his not less unpopular elector, Karl Theodor, he rose nevertheless from aide-de-camp to commandant of the Palatine-Bavarian army and to the title Count Rumford. For all that, it was his soldiers who in the course of military reform drained the marshy deer-park to the north of the town walls, and made it into a "military garden" in the English style.

This has long since become civilian, a place of typical Munich live and let live which has enough room for the most varied types of recreation, and whoever walks over the wide lawns and enjoys the silhouettes of the many towers has every reason to be grateful to Count Rumford.

Il n'était pas aimé des Bavarois, l'Américain Sir Benjamin Thompson mais toujours est-il que, au service du non moins impopulaire Electeur Karl Theodor, il a réussi à s'élever du grade d'officier d'ordonnance jusqu'au rang de commandant en chef de l'armée de l'Electorat-Palatinat de Bavière et au titre de comte Rumford. Ce sont pourtant ses soldats qui, dans le cadre de la réforme de l'armée, asséchèrent le marécageux Hirschanger au nord de l'enceinte de la ville et en firent un jardin militaire de style anglais.

Depuis bien longtemps déjà, ce jardin a été abandonné aux civils et c'est maintenant un lieu typiquement munichois où l'on «vit et laisse vivre» et qui offre son espace à toutes sortes d'activités de loisirs. Et lorsqu'on traverse en flânant les vastes surfaces vertes et savoure la vue sur les tours de la ville, il y aurait bien lieu d'en être reconnaissant à ce comte Rumford.

Ein freudiges Ereignis gab den Anlaß zum Bau der monumentalen Pfarrkirche St. Kajetan: 1662 wurde dem bayerischen Kurfürsten Ferdinand Maria und dessen Gemahlin Henriette Adelaide von Savoyen der langersehnte Erbe, Max Emanuel, geboren. Zum Dank berief die Kurfürstin den Theatinerorden nach München und gab den Auftrag zu einer Kirche, die sich an der römischen Mutterkirche des Ordens orientieren sollte. Hierzu berief sie italienische Baumeister, die den neuen Stil des Barock nach Bayern brachten. So kann man sagen, daß die blühende bayerische Barockkultur mit der Theatinerkirche ihren eigentlichen Anfang genommen hat.

A happy event gave rise to the building of the monumental parish church of St Kajetan: in 1662 the long-desired heir, Max Emanuel, was born to the Bavarian elector Ferdinand Maria and his wife Henriette Adelaide of Savoy. As a thank-offering, the electoress appointed the Theatine order to Munich, and gave instructions for a church to be built which should be based on the mother-church of the order. To this effect she commissioned Italian architects who brought the new baroque style to Bavaria. So one can say that the flourishing Bavarian baroque culture had its actual beginning with the Theatine church.

Un événement heureux fut à l'origine de la construction de la monumentale église paroissiale Saint-Kajetan: en 1662, l'Electeur de Bavière Ferdinand Maria et son épouse Henriette Adelaide de Savoie fêtaient la naissance de leur héritier longtemps désiré, Max Emanuel. Pour exprimer sa gratitude, l'Electrice appela à Munich l'ordre des Théatins et lui donna pour mission d'édifier une église sur le modèle de l'église mère à Rome. A cet effet, elle fit venir des maîtres d'œuvre italiens qui apportèrent à Munich un style nouveau, le baroque. Ainsi peut-on dire que l'église des Théatins marque le véritable point de départ de la culture baroque qui s'épanouira en Bavière.

Die zur Stadtseite hin breit gelagerte Front des Schlosses Nymphenburg läßt noch heute die einzelnen Bauabschnitte klar hervortreten. Der Mittelbau, ein einfacher Würfelblock, entstand als Sommervilla, als »Schwaige Nymphenburg« der Kurfürstin Henriette Adelaide ab 1664. Deren Sohn, der prachtliebende Max Emanuel, ließ zunächst die vier flankierenden, durch flachere Riegelbauten mit dem ursprünglichen Schloß verbundenen Seitenpavillons errichten, später die Flügelbauten anfügen und die Fassade vereinheitlichen, während unter Karl Albrecht, dem glücklosen Kaiser Karl VII., das charakteristische Rondell entstand, das von zehn Pavillons gebildet wird.

In the widely spread façade of the palace of Nymphenburg which faces towards the town one can still recognize the individual stages of building. The central part, a simple cube, was created from 1664 onwards as a summer villa, the "Schwaige Nymphenburg" of the electress Henriette Adelaide. Her son, the pomp-loving Max Emanuel, first had the four flanking side pavilions built which were joined to the original palace by lower tracts.

Later the wings were added and the façade unified, whilst under Karl Albrecht, the unfortunate Emperor Karl VII, the characteristic rondell was built, formed by ten adjacent pavillions.

La façade du château de Nymphenburg, largement ouverte sur la ville, permet, aujourd'hui encore, de bien distinguer les différentes phases de la construction. Le bâtiment central, un simple bloc en forme de dé, fut entrepris en 1664 et était destiné à servir de résidence d'été à l'Electrice Henriette Adelaide, c'était le «Schwaige Nymphenburg». Son fils, Max Emanuel avait le goût du faste et fit édifier, d'abord, les quatre pavillons latéraux flanquant le château et reliés à la construction primitive par des bâtiments plus bas, puis plus tard, fit ajouter les ailes et donner à la façade une apparence uniforme; l'originale rondelle du parterre formée de dix éléments fut aménagée sous Karl Albrecht, l'infortuné empereur Charles VII.

32 Ebersberg

32 Ebersberg

Einst waren sie große Herren, die Grafen von Ebersberg. Zusammen mit den Andechsern, den Ortenburgern und den Grafen von Scheyern zählten sie zu den mächtigsten Dynastengeschlechtern in Bayern, mächtiger oft als der jeweilige Herzog. Und als ihre Stammburg im 10. Jahrhundert den militärischen Anforderungen nicht mehr genügte, machten sie gemäß den Gepflogenheiten ihrer Zeit ein Kloster daraus.

Die Ebersberger sind ausgestorben, ihr Kloster hat die Säkularisation verschlungen. Was blieb, ist die beschauliche kleine Stadt am Rande des gleichnamigen Forstes, dessen endlose Waldfläche – die größte in Deutschland – ein wahres Paradies für Wanderer und Schwammerlsucher ist:

Once they were great lords, the Counts of Ebersberg. Together with the Andechses, the Ortenburgs and the Counts of Scheyern they counted among the most powerful dynastic houses in Bavaria, often more powerful than the current duke. When their ancestral castle no longer fulfilled military requirements in the C10, they turned it into a monastery as was the custom in those days.

The Ebersbergs have died out, their monastery was swallowed by secularization. What remains is the quiet little town on the edge of the forest of the same name. Its endless woods – the largest in Germany – are a real paradise for walkers and mushroom hunters.

Autrefois, les comtes d'Ebersberg étaient de grands seigneurs. Avec les maisons d'Andechs, d'Ortenburg et les comtes de Scheyern, ils comptaient au nombre des familles les plus puissantes de Bavière, plus puissantes souvent que le duc régnant. Et au Xe siècle, lorsque le château d'origine ne fut plus à la mesure des impératifs militaires, ils se plièrent à l'usage de leur époque et en firent un monastère.

La lignée des Ebersberger s'est éteinte, leur monastère a succombé à la sécularisation. Tout ce qui reste, c'est cette charmante petite ville au bord de la forêt du même nom dont l'énorme superficie – la plus grande d'Allemagne – fait un paradis pour les amateurs de randonnées et les chercheurs de champignons.

33 Erding, der Schöne Turm

33 Erding, the "Beautiful Tower"

33 Erding, la «Belle Tour»

Es läßt sich gut leben in der kleinen Stadt im nordöstlichen Hinterland Münchens, altbayerisch behäbig noch und trotz S-Bahnanschluß nicht so urbanisiert und überfremdet wie im südlichen Umkreis. Daran ist nicht nur das berühmte Weißbier schuld – dessen Name übrigens wenig mit der Farbe, aber sehr viel mit Weizen zu tun hat –, sondern mehr noch das Umland, denn ein Moos auf der einen, ein Wald auf der anderen Seite haben dafür gesorgt, daß der Ort klein und überschaubar geblieben ist.

One can live well in the little town in the north-east hinterland of Munich, still placidly "Old Bavarian" and, in spite of the commuter train service, not so urbanized and foreignized as in the southern region. The famous "Weißbier" – incidentally the name comes from wheat (Weizen) and not the colour white (weiß) – cannot be blamed for this but rather the surroundings. Then a moor on one side and a forest on the other have ensured that the town has remained small and comprehensible.

Il fait bon vivre dans cette petite ville au nord-est de Munich; malgré sa station de train de banlieue express, elle a conservé son agréable caractère ancienne Bavière et n'est ni aussi urbanisée que la zone sud ni aussi envahie par les étrangers. Ce n'est certes pas la célèbre «Weißbier» – le nom de cette bière n'a rien à faire avec le mot «weiß» (blanc) mais bien avec «Weizen» (blé) – qui est la raison de cet état de choses, mais plutôt la topographie car, enserrée entre des terrains marécageux d'un côté et une forêt de l'autre, la localité est restée petite et à la mesure de l'homme.

34 Freising, Blick auf den Domberg   34 Freising, view of the cathedral hill   34 Freising, vue sur le Domberg

Man sieht sie noch weit im Erdinger Moos, die mächtigen, gedrungenen Türme des romanischen Domes – steinerne Zeugen der großen Vergangenheit einer heute kleinen Stadt. Diese Vergangenheit hat Freisings Bischöfe zu Reichsfürsten und Herren über weite Ländereien gemacht, die bis an den Fuß der Zugspitze reichten.

Längst hat Freising seine Bedeutung und selbst seinen Bischof an München verloren. Was blieb ist neben der Hochschule für Brauerei und Landwirtschaft im ehemaligen Benediktinerstift Weihenstephan der Ruhm der ältesten Brauerei Bayerns und eine Beschaulichkeit, die das hektische Getriebe der nahen Landeshauptstadt rasch vergessen läßt.

One can see them far off in the Erdinger moor, the solid squat towers of the Romanesque cathedral – silent witnesses of the great past of a town which today is quite small. This past made Freising's bishops into imperial lords and owners of vast estates which reached to the foot of the Zugspitze.

Freising has long since lost its importance and even lost its bishop to Munich. What remains in addition to the Brewing and Agricultural College in the former Benedictine foundation of Weihenstephan is the fame of Bavaria's oldest brewery and a tranquility which allows one to quickly forget the hectic bustle of the nearby capital.

On les voit de loin, lorsqu'on s'enfonce dans le Erdinger Moos, les tours puissantes et trapues de la cathédrale romane – témoins de pierre du grand passé d'une ville maintenant peu importante. Ce passé a vu les évêques de Freising tenir le rang de princes d'Empire et devenir maîtres de vastes domaines qui s'étendaient jusqu'au pied de la Zugspitze.

Il y a longtemps que Freising a cédé à Munich et son importance et son évêque lui-même. Il ne lui est resté que l'école supérieure de brasserie et d'agronomie installée dans le monastère des Bénédictins Weihenstephan, la célébrité de la plus ancienne brasserie de Bavière et une tranquillité qui fait vite oublier l'agitation effrénée de la capitale du land toute proche.

35   Wallfahrtskirche Maria Birnbaum

35   The pilgrimage church of Maria Birnbaum

35   L'église de pélerinage Maria Birnbaum

»Oh du heilige Jungfrau und Mutter Gottes, find ich dich hier?« hat die Anna Burgerin aus Meran ausgerufen, als ihr nach vielen vergeblichen Wallfahrten vor dem bescheidenen, in einem hohlen Birnbaum geborgenen Vesperbild Gnade und Hilfe zuteil wurde. Schon kurze Zeit später, ab 1661, hat der Deutsche Orden für die rasch aufblühende Wallfahrt eine Kirche errichtet, in deren Hochaltar der Birnbaum mit dem Gnadenbild eingelassen ist. Das ebenso reizvolle wie originelle Bauwerk zählt zu den frühesten Zeugnissen des Barock in Bayern. Seine Ausstattung, besonders aber die Stukkaturen Matthias Schmuzers, sind von höchster Qualität.

"Oh Thou Holy Virgin and Blessed Lady, do I find Thee here?" cried Anna Burgerin of Meran as, after many vain pilgrimages, mercy and succour were bestowed on her in front of the modest Pietà hidden in a hollow pear-tree (Birnbaum). Shortly afterwards, in 1661, the Teutonic Order erected a church for the quickly flourishing pilgrimage, in the high altar of which the pear-tree with its miraculous picture was incorporated. The building, which is as charming as it is original, counts among the earliest examples of baroque in Bavaria. Its furnishings, particularly the stucco-work of Matthias Schmuzer, are of the highest quality.

«O Sainte Vierge et Mère de Dieu, te trouverai-je ici?» s'est écriée Anna Burgerin de Merano lorsque, après de nombreux pélerinages faits en vain devant la modeste Piéta cachée dans un poirier creux, il lui fut enfin apporté grâce et secours. Très peu de temps après – les travaux furent entrepris en 1661 –, l'Ordre Teutonique fit édifier une église dont le maître-autel s'élevait autour du poirier contenant la statue et ce pélerinage prit une expansion très rapide. La construction, tout aussi charmante qu'originale, compte au nombre des plus anciens témoignages du baroque en Bavière. Sa décoration et tout particulièrement les stucs de Matthias Schmuzer sont d'une qualité des plus remarquables.

36 Wochenmarkt in Ingolstadt   36 Market day in Ingolstadt   36 Le marché à Ingolstadt

Wer heute von der Autobahn München–Nürnberg aus die monströsen Raffinerietürme und Tanks der Mineralölgesellschaften sieht, dem fällt es schwer zu glauben, daß neben diesem Dschungel an Industrieanlagen das einstige geistige und militärische Zentrum Bayerns liegt – mehr als nur einen Abstecher wert.

In der Tat war die traditionsreiche Stadt zwischen 1472 und 1800 Sitz der bayerischen Landesuniversität, außerdem bis in die Zeit des Ersten Weltkriegs stärkste Festung und wichtigste Garnisonsstadt des bayerischen Heeres. Zahlreiche wohlerhaltene Baudenkmäler zeugen von einer großen Vergangenheit, wobei nicht nur die intime und behagliche Altstadt, sondern auch ganz besonders das im »Neuen Schloß« untergebrachte Bayerische Armeemuseum zum Besuch einladen.

Looking from the motorway Munich–Nuremberg at the monstrous refinery towers and tanks of the petroleum companies, it is hard to believe that next to this jungle of industrial plants lies the former intellectual and military centre of Bavaria – worth more than merely a brief glance.

In actual fact the town, rich in tradition, was the seat of the Bavarian State University between 1472 and 1800, and in addition the most strongly fortified and most important garrison town of the Bavarian army until the time of the first world war. Numerous well-preserved architectural monuments tell of a great past, whereby not only the intimate and homely town centre but also in particular the Bavarian Army Museum housed in the "New Schloß" should be visited.

Lorsqu'on emprunte aujourd'hui l'autoroute Munich–Nuremberg et lorsqu'on aperçoit les tours monstrueuses des raffineries et les réservoirs des sociétés pétrolières, il est difficile d'imaginer que cet ancien centre culturel et militaire de la Bavière se trouve près de cette jungle industrielle et qu'il mérite mieux qu'un simple détour.

Et pourtant, cette ville riche en traditions a été le siège de l'université nationale de Bavière de 1472 à 1800, en outre, elle est restée, jusque pendant le première guerre mondiale, la place forte la plus puissante et la plus importante ville de garnison de l'armée bavaroise. De nombreux monuments bien conservés témoignent d'un grand passé et ainsi une visite s'impose non seulement à la vieille ville, agréable et familière, mais aussi tout particulièrement au Musée de l'Armée Bavaroise qui se trouve au «Neues Schloß».

Das ab 1530 völlig neu gebaute Neuburger Schloß verdankt seine Entstehung einem Kuriosum Wittelsbachischer Hauspolitik, als nach der gewaltsamen Wiedervereinigung der bayerischen Teilherzogtümer für die präsumtiven Erben Niederbayerns ein eigenes Fürstentum geschaffen wurde: die Junge Pfalz.

Deren erster Herr, der Pfalzgraf Ottheinrich, war ein kraftvoller Renaissancefürst, dessen Ambitionen stets in krassem Mißverhältnis zu den Möglichkeiten seines Ländchens standen, und so scheint auch das Schloß – das sich hier von seiner später angefügten barocken Seite zeigt – fast ein wenig zu groß für das malerische Landstädtchen, dessen Oberstadt zu den Kostbarkeiten bayerischen Städtebaus zählt.

The palace of Neuburg which was completely rebuilt after 1530 owes its origin to a curious internal policy of the Wittelsbachs when, after the forcible reunion of the Bavarian partial duchies, an independent principality was created for the heirs presumptives of Lower Bavaria: the Young Palatinate.

Its first lord, the palgrave Ottheinrich, was a strong renaissance ruler whose ambitions always stood in complete disproportion to the possibilities of his little country, and so the palace – which can be seen here from its baroque side, added at a later date – seems almost too big for the picturesque little country town, the upper part of which is among the treasures of Bavarian urban architecture.

Le château de Neuburg, qui fut totalement reconstruit à partir de 1530, doit son existence à une particularité de la politique familiale des Wittelsbach: en effet, après la réunion par la force des différentes parties du duché de Bavière, une principauté fut créée tout exprès à l'intention des héritiers présomptifs de Basse-Bavière: le Jeune Palatinat.

Son premier seigneur, le compte palatin Ottheinrich, avait toute la vigueur d'un prince de la Renaissance et ses ambitions furent toujours grossièrement disproportionnées aux possibilités de son petit pays, et c'est ainsi que le château lui-même – qui montre ici sa façade baroque ajoutée ultérieurement – semble presque un peu trop imposant pour la pittoresque bourgade dont la ville haute figure au nombre des merveilles bavaroises en matière d'urbanisme.

Obwohl zum Regierungsbezirk Oberbayern gehörig, der an dieser Stelle über die Donau reicht, ist Eichstätt eigentlich schon eine fränkische Stadt. Politisch stand das kleine Fürstentum stets im Schatten der mächtigen Hochstifte Bamberg und Würzburg, doch hat dieser Umstand die freundliche Stadt andererseits auch wieder vor zu starkem Wachstum bewahrt.

Nach dem großen Brand von 1634 zeigt sich diese in vorwiegend barockem Gewand. Der abgebildete Residenzplatz gilt als einer der schönsten und besterhaltenen barocken Plätze Deutschlands.

Although belonging to the administrative district of Upper Bavaria which reaches across the Danube at this point, Eichstätt is actually a Franconian town. Politically the little prince-bishopric was always in the shadow of the powerful bishoprics of Bamberg and Würzburg, but on the other hand this situation prevented the pleasant town from growing too large.

After the great fire of 1634 it took on a primarily baroque appearance. The Residenzplatz in the picture is one of the most beautiful and well-preserved baroque squares in Germany.

Bien que faisant partie de la circonscription administrative de Haute-Bavière qui, à cet endroit, s'étend au-delà du Danube, Eichstätt est, en fait, déjà une ville franconienne. Du point de vue politique, la ville était le siège d'un prince-évêque mais qui resta toujours dans l'ombre des puissants évêchés de Bamberg et de Wurzbourg, et, de ce fait, la petite ville a eu l'avantage d'être préservée d'une croissance trop forte.

Par suite du grand incendie de 1634, elle apparaît surtout dans des atours baroques. La Place de la Résidence, sur la photo, est considérée comme l'une des places baroques les plus belles et les mieux conservées d'Allemagne.

39   Burg Prunn über dem Altmühltal

Auf einem steil abfallenden Kalksteinsporn haben die Herren von Prunn bereits im 11. Jahrhundert eine Burg errichtet, die wegen ihrer malerischen Lage und ihres originalen Erhaltungszustandes ein sehenswertes Ausflugsziel ist. An dem noch aus romanischer Zeit stammenden Bergfried wurden im Lauf des Mittelalters Wohngebäude angefügt, die der Burg ihr heutiges Aussehen verliehen.

Im Jahre 1575 entdeckte auf Burg Prunn der bayerische Geschichtsschreiber Wiguläus Hundt eine der drei ältesten Handschriften des Nibelungenliedes, das um 1200 am Passauer Bischofshof aufgezeichnet wurde und den bedeutendsten Beitrag Bayerns zur mittelalterlichen Heldendichtung darstellt.

39   The castle of Prunn above the Altmühl valley

Already in the C11 the lords of Prunn erected a castle on the steep limestone spur, which is a worthwhile place for excursions on account of its picturesque situation and original state of preservation. During the course of the middle ages residential buildings were added to the Romanesque keep which give the castle its present appearance.

In the year 1575 the Bavarian historian Wiguläus Hundt discovered one of the three oldest manuscripts of the Nibelungenlied in Castle Prunn, which had been written about 1200 at the court of the bishop of Passau and constitutes Bavaria's most important contribution to mediaeval heroic poetry.

39   Le burg de Prunn au-dessus de la vallée de l'Altmühl

C'est sur un éperon calcaire au versant abrupt que les seigneurs de Prunn ont édifié un château-fort dès le XIe siècle. En raison de sa situation pittoresque et de son très bon état de conservation, c'est un but d'excursion qui vaut la visite. Au donjon datant encore de l'époque romane, on a ajouté, au cours du Moyen-Age, des constructions destinées à l'habitation qui déterminent l'apparence actuelle du château-fort.

En 1575, le chroniqueur bavarois Wiguläus Hundt découvrit au château de Prunn l'un des trois plus anciens manuscrits du Chant des Nibelungen. Celui-ci avait été écrit vers 1200 à la cour de l'évêque de Passau et représente la plus importante contribution de la Bavière à la poésie épique du Moyen-Age.

40   Kloster Weltenburg an der Donau

Das älteste, wenn auch nicht das größte Kloster Bayerns liegt hier auf uraltem Siedlungsgebiet an einer Schleife der Donau bei Kelheim. Die um 617 gegründete Niederlassung erlebte im 18. Jahrhundert eine große Blüte. 1714 wurde der Grundstein zum neuen Klostergebäude, 1716 zum Kirchenbau gelegt. Der Erfinder dieser ganz einmaligen Ovalkirche war Cosmas Damian Asam aus München. Sein Bruder Egid Quirin schuf den imposanten Hochaltar mit der Figur des hl. Georg im Inneren.

40   The monastery of Weltenburg on the Danube

The most ancient though not the most imposing bavarian monastery lies here in a very old area of settlement, where the Danube makes a bow near Kelheim. The monastery was founded about the year 617 and went through a time of revival during the C18. The foundation-stone of the new abbey-buildings was laid in 1714, of the church in 1716. The inventor of this most remarkable oval church was Cosmas Damian Asam of Munich. His brother Egid Quirin created the impressing high-altar with the figure of St. George.

40   Le monastère de Weltenburg sur le Danube

Le plus ancien, pas le plus imposant des monastères bavaroises est situé ici sur très vieux terrain de colonisation sur le Danube, où il fait un lacet près de Kelheim. L'établissement était fondé vers 617 et était en grande floraison au 18ᵉ siècle. La pose de la première pierre pour l'abbaye a eu lieu en 1714, pour l'église en 1716. Cette singulière construction de forme ovale a inventé Cosmas Damian Asam de Munich. Son frère Egid Quirin a creé l'impressionant maître-autel avec la statue de Saint Georges.

Wohl schon in keltischer Zeit (ca. 5. Jh. v. Chr.) bestand hier eine Siedlung, Radasbona genannt; neben ihr errichteten um das Jahr 80 n. Chr. die Römer ein Kohortenkastell, dem das Legionslager Castra Regina folgte. Hier war der Sitz der rätischen Militärverwaltung, hier war später der Sitz der Agilolfinger-Herzöge; seit dem frühen Mittelalter war Regensburg Königsstadt, Herzogsstadt und Bischofsstadt, und bis zum Ende des Heiligen Römischen Reiches deutscher Nation (1806) tagte hier der »Immerwährende Reichstag«. Die reiche und lange Geschichte dieser ältesten Stadt Deutschlands wird in ihrer architektonischen Gestalt sichtbar – in ihren Kirchen, Wohntürmen, Palästen und Bürgerhäusern.

There was already a settlement here in Celtic times (ca. C5 B.C.) called Radasbona; next to it the Romans built a castellum in 80 A.D., and this was followed by the legion encampment Castra Regina. The seat of the Raetian military command was also here, and later that of the Agilolfingian dukes; since the early middle ages Regensburg has been the city of kings, dukes and bishops, and until the end of the Holy Roman Empire German Nation (1806) the "Perpetual Reichstag" sat here. The long and varied history of this the oldest city in Germany is visible in architectural form – in its churches, keeps, palaces and burgher-houses.

Ce fut vraisemblablement l'emplacement d'une agglomération, appelée Radasbona, dès l'époque celtique (vers le Ve siècle avant J.C.); vers 80 après J. C., les Romains installèrent un fort de cohorte près de celle-ci, puis ce fort devint le camp de légionnaires Castra Regina. Ce fut ensuite le siège de l'administration militaire de la Rhétie, puis plus tard la résidence des ducs Agilolfinger; à partir du début du Moyen-Age, Ratisbonne (Regensburg) a été résidence royale, ducale et épiscopale et, jusqu'à la fin du Saint Empire Romain Germanique (1806), la ville fut le siège de la «Diète Permanente». La riche et longue histoire de cette ville, la plus ancienne d'Allemagne, est inscrite dans son architecture – dans ses églises, tours, palais et maisons bourgeoises.

Bereits als Kronprinz hatte der spätere Bayernkönig Ludwig I. den Plan gefaßt, Bildnisse großer Deutscher in einer Gedenkstätte aufzustellen. Am 18. Oktober 1830, siebzehn Jahre nach der Völkerschlacht bei Leipzig, die die Befreiung Deutschlands von der napoleonischen Herrschaft einleitete, wurde der Grundstein zu dem »Ehrentempel« gelegt. Er wurde von dem Architekten Leo von Klenze nach dem Vorbild des Parthenon auf der Akropolis von Athen entworfen und nach zwölfjähriger Bauzeit vollendet.

Auch wenn dieser »dorische« Tempel etwas fremd in der Donaulandschaft steht und wenn sein germanischer Name eigentümlich anmutet, so verstehen wir den Bau heute als romantisches Denkmal eines deutschen Humanismus.

While he was yet Crown Prince, the future Bavarian king, Ludwig I, made a plan to set up likenesses of famous Germans in a memorial. On Oct. 18th, 1830, seventeen years after the Battle of the Nations near Leipzig which began the liberation of Germany from Napoleonic rule, the foundation stone of the "Temple of Honour" was laid. It was designed by the architect Leo von Klenze after the Parthenon on the Acropolis in Athens, and was completed twelve years later.

Even though this "Doric" temple seems somewhat out of place in the Danube landscape and its Germanic name strikes one as peculiar, the building has come to be accepted today as a romantic memorial to German humanism.

Le futur roi de Bavière Louis Ier n'était encore que prince héritier lorsqu'il forma le projet de réunir les effigies des grands hommes allemands dans un monument élevé à leur mémoire. Le 18 octobre 1830, dix-sept ans après la bataille des Nations de Leipzig qui marqua le début du processus de libération de l'Allemagne de la domination napoléonienne, eut lieu la pose de la première pierre de ce «temple de la gloire». L'architecte Leo von Klenze en a dessiné les plans sur le modèle du Parthénon qui se dresse sur l'Acropole d'Athènes et la construction fut achevée après douze années de travaux.

Même si ce temple «dorique» semble quelque peu dépaysé dans le paysage danubien et si son nom germanique semble étrange, nous considérons toutefois cet édifice comme un monument romantique expression d'un humanisme allemand.

43 Klosterkirche Mariae Himmelfahrt in Rohr

43 Monastery church of Maria Himmelfahrt in Rohr

43 L'église de l'Assomption à Rohr

Befreit von aller Erdenschwere schwebt die Muttergottes, von Engeln getragen, dem golden gleißenden Himmel zu, wo Gott Vater, Sohn und Heiliger Geist auf sie warten. Um den leeren Sarkophag scharen sich die Apostel. Staunen, Ergriffenheit, Verzückung spiegeln sich in ihren Gesichtern.

In der Klosterkirche zu Rohr wird der Hochaltar zur Bühne, das Kirchenschiff zum Zuschauerraum, vor dem sich die Szene der Himmelfahrt Mariens in dramatischer Inszenierung darstellt. Entsprechend ist die Raumkonzeption auf diesen zentralen Punkt des »Theatrum sacrum« abgestellt: eine zentrale, tonnenüberwölbte Halle mit flachen Seitenkapellen.

In Rohr beginnt mit einer Sternstunde der europäischen Kunst die Laufbahn Egid Quirin Asams, ein Werdegang, der mit der Johann-Nepomuk-Kirche zu München seinen Höhepunkt erreicht hat.

Freed from all earthly burdens the Mother of God is borne by angels towards the glistening golden heavens where God the Father, Son and Holy Ghost wait for her. The apostels crowd around the empty sarcophagus. Amazement, profound emotion and exaltation are reflected in their faces.

In the monastery church of Rohr the high altar becomes a stage and the body of the church its auditorium, in front of which the scene of Maria's Assumption is presented in a dramatic staging. The spacial concept is correspondingly concentrated on this central point of the "theatrum sacrum"; a vaulted hall in the middle with lower side chapels.

As a decisive moment in European art, the career of Egid Quirin Asam began in Rohr, a career which reached its climax with the Johann-Nepomuk church in Munich.

Libérée de toute pesanteur, la mère de Dieu s'élève, portée par les anges, et monte vers le ciel resplendissant de tout son or où Dieu le Père, le Fils et le Saint Esprit vont la recevoir. Les apôtres se pressent autour du sarcophage vide. L'étonnement, l'émotion et l'extase se peignent sur leurs visages.

Dans l'église conventuelle de Rohr, le maître-autel devient scène, la nef de l'église devient salle de spectacle d'où l'on assiste à la scène de l'Assomption représentée dans une mise en scène dramatique. Et dans cet esprit, la conception de l'espace est déterminée en fonction de ce point central du «theatrum sacrum»: une salle centrale à la voûte en berceau flanquée de chapelles latérales à plafond plat.

C'est à Rohr que, date importante pour l'art européen, la carrière d'Egid Quirin Asam a commencé, une carrière qui atteignit son apogée avec l'église Johann Nepomuk de Munich.

44 Straubing, Grabplatte der Agnes Bernauer

Wer kennt nicht die traurige Geschichte von der schönen Augsburger Baderstochter, die ein Herzogsliebchen wurde und ihr kurzes Glück mit dem Leben bezahlte? Unweit der Stelle, an der sie auf Geheiß ihres Schwiegervaters in den Fluten der Donau starb, erhebt sich der wuchtige Bau der Pfarrkirche St. Peter, einer dreischiffigen romanischen Basilika, die in ihren Ursprüngen auf das 11. Jahrhundert zurückgeht. In ihrem Schatten, schmal und schlicht, die gotische »Bernauerkapelle« aus dem 15. Jahrhundert, Sühnestiftung des Bayernherzogs für den Mord an der unebenbürtigen Schwiegertochter; darin die Grabplatte der schönen Bernauerin, Meisterwerk eines Straubinger Steinmetzen aus rotem Marmor.

44 Straubing, gravestone of Agnes Bernauer

Who does not know the tragic story of the lovely daughter of an Augsburg barber-surgeon who became the favourite of a duke and paid for a brief period of happiness with her life? Not far from the place where she died in the waters of the Danube, by order of her father-in-law, rises the massive parish church of St Peter, a three-aisled Romanesque basilica which originates from the C11. In its shadow, narrow and unadorned, the Gothic "Bernauerkapelle" from the C15, expiatory endowment of the Bavarian duke for the murder of his low-born daughter-in-law; inside is the gravestone of the lovely Bernauerin, a masterpiece in red marble by a sculptor from Straubing.

44 Straubing, pierre tombale d'Agnès Bernauer

Qui ne connaît la triste histoire de la belle Agnès, fille d'un barbier d'Augsbourg qui devint la bien-aimée d'un duc et dut payer de sa vie son court bonheur? Non loin de l'endroit où elle mourut dans les flots du Danube – sur l'ordre de son beau-père – s'élève la massive construction de l'église paroissiale Saint-Pierre, une basilique romane à trois nefs dont les origines remontent au XIe siècle. Dans son ombre, étroite et simple, la «chapelle Bernauer» en style gothique élevée au XVe siècle, don expiatoire du duc de Bavière pour le meurtre de sa belle-fille de condition inférieure; c'est à l'intérieur que se trouve la pierre tombale de la belle Agnès Bernauer, chef-d'œuvre en marbre rouge d'un tailleur de pierre de Straubing.

Wer die einstige Bedeutung Landshuts ermessen will, dem sei ein Besuch der »Landshuter Hochzeit« empfohlen, die alle drei Jahre den höfischen Glanz und die Pracht der alten Residenzstadt aufs neue lebendig werden läßt. Ein Vierteljahrtausend war Landshut Sitz der reichen und mächtigen Herzöge von Niederbayern, und diese Zeit hat es zu einer der schönsten Städte Deutschlands werden lassen.

Charakteristisch ist der weite Bogen der Altstadt mit seinen schmalen und hohen Bürgerhäusern, deren prächtige Fassaden das Juwel der Stadtresidenz Herzog Ludwigs X. einrahmen. An seinem nördlichen Ende die Heiliggeistkirche, am südlichen die gotische Stadtpfarrkirche St. Martin mit ihrem gewaltigen, 132 Meter hohen Turm – nach dem Straßburger Münster der höchste mittelalterliche Kirchturm.

Über der Stadt erhebt sich die eindrucksvolle Anlage der Burg Trausnitz, der Regierungssitz des einstigen Teilherzogtums.

45 Landshut

Whoever wishes to assess the former importance of Landshut is recommended to visit the "Landshuter Hochzeit" (Landshut wedding) which every third year recaptures the courtly brilliance and the splendour of the old Residence town. Landshut was the seat of the rich and powerful dukes of Lower Bavaria for 250 years, and during this period it became one of the most beautiful towns in Germany.

A typical feature is the wide sweep of the old town centre with its tall, narrow patrician houses, their splendid façades providing a fitting setting for the Residence of Duke Ludwig X. At its north end the church of the Holy Ghost, at its south the Gothic parish church of St Martin with its mighty tower, 132 metres high – the highest mediaeval church tower after the Strasbourg minster.

Above the town rises the impressive complex of the castle of Trausnitz, the seat of government of the former partial duchy.

45 Landshut

A qui veut se faire une idée de l'importance passée de Landshut, il est recommandé d'assister au «mariage de Landshut» qui, tous les trois ans, fait revivre l'éclat de la cour et la pompe de l'ancienne ville de résidence. Pendant 250 ans, Landshut a été le siège des riches et puisssants ducs de Basse-Bavière et cette époque en a fait l'une des plus belles villes d'Allemagne.

Elle se caractérise par l'arc très large que dessine la vieille ville avec ses maisons bourgeoises étroites et élevées dont les magnifiques façades encadrent un joyau, la résidence urbaine du duc Louis X. A son extrémité nord, l'église du Saint-Esprit, à l'extrémité sud Saint-Martin, l'église paroissiale de la ville en style gothique avec sa puissante tour de 132 mètres de hauteur – c'est, après la cathédrale de Strasbourg, la plus haute tour d'église datant du Moyen-Age.

La ville est dominée par les constructions impressionnantes du burg Trausnitz, siège du gouvernement de l'ancien «Teilherzogtum», partie du duché confiée à un membre de la famillie mais destinée à être réunie au patrimoine.

46 Pfarrkirchen, Wallfahrtskirche auf dem Gartlberg

46 Pfarrkirchen, the pilgrimage church on the Gartlberg

46 Pfarrkirchen, l'église de pélerinage sur le Gartlberg

Aus der sanften Mulde des Rottales sieht man die beiden schlanken Zwiebeltürme schon von weitem, und so ist die Wallfahrtskirche auf dem Gartlberg fast zu einer Art Wahrzeichen für die alte Stadt Pfarrkirchen geworden. Obschon der Auferstehung Christi geweiht, bildet doch ein kleines Vesperbild, einst schmucklos an einen Baum geheftet, den eigentlichen Anlaß der Verehrung.

Der einfache Bau mit rechteckigem Grundriß wurde ab 1662 von Christoph Zuccalli errichtet und von Giovanni Battista Carlone, dem Meister des Passauer Domes, verschwenderisch ausgestattet, wobei besonders der reiche Stuck des Chores sowie der Hochaltar hervorzuheben sind.

From afar one sees two slender towers rising from the hollow of the Rott valley, and so the pilgrimage church on the Gartlberg has almost become a landmark of the old town of Pfarrkirchen. Although dedicated to the Resurrection, a little Pietà which once hung on a tree is the actual reason for the veneration.

The simple building with rectangular ground-plan was built from 1662 onwards by Christoph Zuccalli and lavishly furnished by Giovanni Battista Carlone, the master of the cathedral in Passau, whereby the rich stucco-work of the choir and that of the high altar deserve special mention.

S'élevant au-dessus de la cuvette du Rottal, les deux tours élancées coiffées de bulbes sont visibles de loin et ont fait de l'église de pélerinage sur le Gartlberg une sorte d'emblème de la vieille ville de Pfarrkirchen. Bien qu'elle soit dédiée à la Résurrection du Christ, c'est pourtant une petite Pietà, modestement accrochée à un arbre, qui fut à l'origine de la vénération populaire.

L'édifice est simple, de plan rectangulaire; Christoph Zuccalli en a entrepris la construction en 1662 et Giovanni Battista Carlone, le maître de la cathédrale de Passau, l'a dotée d'une décoration surabondante où les riches stucs du chœur ainsi que du maître-autel méritent une attention particulière.

47   In der Stiftskirche von Osterhofen

47   In the collegiate church of Osterhofen

47   Dans l'église conventuelle d'Osterhofen

Anstelle der beschädigten gotischen Kirche errichtete der bedeutende Barockarchitekt Johann Michael Fischer von 1727 bis 1728 einen Neubau, dessen Innenraum er als »Thronsaal zur Ehre Gottes« konzipierte. Diese Absicht gelang deshalb so vollendet, weil für die Innenausstattung die Brüder Cosmas Damian und Egid Quirin Asam gewonnen werden konnten.

Unser Bild zeigt die Muttergottes vom linken Altar am Chorbogen mit dem Rosenkranz, während das Jesuskind die heilige Katharina von Siena krönt.

In place of the damaged Gothic church, the important baroque architect Johann Michael Fischer erected a new building from 1727 to 1728, conceiving the interior as a "throne-room to the Glory of God". His intention was fulfilled to perfection since the brothers Cosmas Damian and Egid Quirin Asam were persuaded to carry out the interior decoration.

Our picture of the left-hand altar of the choir shows the Virgin Mary with a garland of roses, while the Christchild crowns Saint Catherine of Siena.

Sur l'emplacement de l'église gothique endommagée, le grand architecte baroque Johann Michael Fischer construisit, de 1727 à 1728, un nouvel édifice dont il conçut l'espace intérieur comme «Salle du Trône à la gloire de Dieu». Si son dessein fut réalisé avec une telle perfection, c'est grâce au concours des frères Cosmas Damian et à Egid Quirin Asam qui se chargèrent de la décoration intérieure.

Notre photo montre la Mère de Dieu au Rosaire de l'autel gauche de l'arc du chœur et l'Enfant Jésus couronnant Sainte Catherine de Sienne.

LIBER
ARCHI
FRATER

SS.
ROSA
RŬ.

48   Ortenburger Wappen in der Renaissancedecke des Schlosses Ortenburg

Die Grafschaft Ortenburg, mitten in Niederbayern gelegen, ist erst 1805 an Bayern gekommen. Bis dahin hatte das uralte Geschlecht der Ortenburger seinen Besitz als Reichsfürstentum fast achthundert Jahre gegen das übermächtige Bayern behaupten können – ein stetes Ärgernis den Bayernfürsten, nach der Reformation gar ein protestantischer Pfahl im katholischen Fleisch.

Zentrum der Herrschaft war das Ortenburger Schloß, ein umfangreicher Gebäudekomplex, meist aus dem 16. Jahrhundert, auf mittelalterlichem Fundament. Es bietet sehenswerte Deckenvertäfelungen, von denen jene der heute als Festsaal genutzten Schloßkapelle als eine der schönsten Renaissancedecken gilt.

48   The Ortenburg coat-of-arms on the renaissance ceiling in the castle of Ortenburg

The county of Ortenburg, which lies in the middle of Lower Bavaria, first fell to Bavaria in 1805. Until then the ancient house of Ortenburg had been able to maintain their possessions as an imperial duchy against the all-powerful Bavaria for nearly eight hundred years – a continual annoyance to the Bavarian dukes, and after the Reformation a protestant thorn in the catholic flesh.

The centre of dominion was the castle of Ortenburg, an extensive complex mostly from the C16, but on mediaeval foundations. Its panelled ceilings are well worth a visit, and that in the former chapel, now used as an assembly-hall, is considered to be one of the most beautiful ceilings of the Renaissance.

48   Les armes des Ortenburg au plafond Renaissance du château d'Ortenburg

Le comté d'Ortenburg, situé au cœur de la Basse-Bavière, n'a été réuni à la Bavière qu'en 1805. Jusqu'à cette date, la très ancienne lignée des Ortenburg avait réussi à conserver à son patrimoine le rang de principauté d'Empire s'opposant ainsi à la prédominance de la Bavière pendant huit siècles – une source d'ennuis permanents pour les princes bavarois, et même, après la Réforme, une enclave protestante en plein territoire catholique.

Le centre de la seigneurie était le château d'Ortenburg, un ensemble de bâtiments important, pour la plupart datant du XVIe siècle et construits sur des fondations du Moyen-Age. Il possède des plafonds lambrissés qui justifient une visite et dont l'un, celui de la chapelle du château faisant aujourd'hui fonction de salle des fêtes, est considéré comme l'un des plus beaux plafonds Renaissance.

Bereits die Kelten hatten im 5. vorchristlichen Jahrhundert die Landzunge zwischen Donau und Inn befestigt, später kamen die Römer, die anfangs am südlichen Innufer ihr Kastell errichtet hatten. Als sich im frühen 6. Jahrhundert das bayerische Stammesherzogtum bildete, saßen hier bereits Bischöfe: von hier ging die Christianisierung der Ostmark aus.

Die Bischöfe von Passau waren mächtige Herren, deren Stadtherrschaft von den Bürgern nie abgeschüttelt werden konnte: die Burgen Oberhaus und Niederhaus an der Einmündung der Ilz in die Donau waren bischöfliche Trutzburgen – einerseits gegen die Stadt, andererseits Wächter am Anfang des »Goldenen Steigs«, des einst wichtigen Handelsweges nach Böhmen.

In the C5 B.C. the Celts fortified the spit of land between the Danube and the Inn. Later came the Romans, who at first built their castellum on the south bank of the Inn. When the Bavarian ducal house was created in the early C6 there were already bishops in residence here: the christianization of the Eastern Mark proceeded from this place.

The bishops of Passau were powerful lords whose rule could never be thrown off by the townspeople. The castles of Oberhaus and Niederhaus where the Ilz flows into the Danube were defences of the bishops – on the one hand against the town and on the other, watchtowers at the beginning of the "Golden Way", once the most important trading route to Bohemia.

Au Ve siècle avant J.C., les Celtes avaient déjà fortifié la langue de terre entre le Danube et l'Inn, plus tard vinrent les Romains qui, initialement, avaient érigé leur castel sur la rive sud de l'Inn. Lorsque, au début du VIe siècle, le duché «national» de Bavière se constitua, Passau était déjà siège épiscopal: c'est d'ici que partaient les efforts de christianisation de la marche est.

Les évêques de Passau étaient de puissants seigneurs et les bourgeois ne réussirent jamais à leur arracher la domination de la ville: les burgs Oberhaus et Niederhaus, au confluent du Danube et de l'Ilz, étaient des places fortes épiscopales – et ils remplissaient une double fonction: assurer d'une part la soumission de la ville, d'autre part la surveillance du point de départ du «Goldener Steig», la voie commerciale autrefois si importante conduisant en Bohème.

Die bis an die Donau heranreichenden Ausläufer des »unteren Bayerischen Waldes« zwangen den Strom zu einem gewundenen Lauf durch ein romantisches enges Tal. Einige Burgen und Schlösser krönen die Anhöhen, die bei Obernzell zurücktreten und ein Tal bilden. In der Nähe liegen tief im Urgestein die einzigen Graphitlager Deutschlands: Sie bildeten schon früh im 13. Jahrhundert, zusammen mit Ton und Quarz, die Grundlage für die Erzeugung der feuerfesten »Passauer Tiegel«, die von Goldschmieden, Metallgießern und Alchimisten sehr begehrt waren. Sogar bis China wurden diese Gefäße exportiert.

The fringes of the "Lower Bavarian Forest" which reach down to the Danube forced the river to wind its way through a narrow romantic valley. Several castles and country seats crown the heights, which fall back near Obernzell to form a valley.

Nearby, deep in primary rocks, is the only graphite deposite in Germany: already early in the C13, together with clay and quartz, it formed the basis for the production of the fireproof "Passauer crucible" which was sought after by goldsmiths, metal-founders and alchemists. The vessels were even exported as far as China.

Les contreforts de la «basse Forêt Bavaroise» s'étendant jusqu'au Danube contraignent le fleuve à se frayer un cours sinueux dans une vallée étroite et romantique. Quelques burgs et châteaux couronnent les hauteurs qui s'écartent de chaque côté de la vallée. Dans les environs se trouvent les seuls gisements de graphite d'Allemagne, à des profondeurs importantes dans les roches primitives: dès le début du XIIIe siècle, ils offrirent, avec l'argile et le quartz, les éléments permettant la fabrication des «creusets de Passau» résistants au feu et très recherchés des orfèvres, fondeurs de métaux et alchimistes. Ces récipients furent exportés jusqu'en Chine.

51 Die Saldenburg

Das »Dreiburgenland« kurz vor dem südlichen Ende der Ostmarkstraße erhielt seinen Namen von drei befestigten Anlagen: von Schloß Fürstenstein, von der Englburg und von der Saldenburg. Diese ist die eigenwilligste mit ihrem blockhaften Turmbau, der aus den überwachsenen Resten der einstigen Burg wächst. Dieser viergeschossige »Wohnturm« aus dem 14. Jahrhundert ist als Bautyp in Bayern einzigartig. Man kann ihn allenfalls mit den »Donjons« französischer oder mit den »Keeps« englischer Burgen vergleichen. Der Rittersaal erhielt 1682 seine barocke Ausstattung durch Enrico Zuccalli; daneben blieben aber die gotischen Räume erhalten.

51 The Saldenburg

The "three-castle-land" shortly before the southern end of the Ostmark road gets its name from the three fortresses: Schloß Fürstenstein, the Englburg and the Saldenburg. The latter is the most original with its block-like tower which rises out of the overgrown remains of the former castle. This four-storeyed C14 "tower-house" is the only one of its kind in Bavaria. It can only be compared with the "donjon" in French castles or the English "keep". The knights' hall was given its baroque appearance in 1682 by Enrico Zuccalli, but the Gothic rooms were preserved in their original state.

51 Le Saldenburg

Le «Pays des trois burgs» (Dreiburgenland) situé juste avant l'extrémité de la «route de la marche de l'Est» (Ostmarkstraße) doit son nom à trois ensembles de fortifications: le château de Fürstenstein, l'Englburg et le Saldenburg. Ce dernier est le plus original avec sa tour en forme de bloc qui s'élève au-dessus des vestiges de l'ancien château-fort envahis par la végétation. Cette «tour d'habitation» à quatre étages datant du XIVe siècle est un type de construction sans exemple en Bavière. Tout au plus peut-on la comparer avec le donjon ou avec le «keep» des châteaux-forts français et anglais. La salle des chevaliers a été décorée en style baroque, en 1682, par Enrico Zuccalli; mais par ailleurs les salles gothiques ont été conservées.

Adalbert Stifter schrieb 1867 über diese eigenartige Steingebilde: »Auf der Waldschneide stehen hie und da Granitgiebel empor, die aussehen, als wären sie aus riesigen Steinscheiben gelegt worden. Wahrscheinlich sind es Reste eines ausgewitterten, gewaltigen Granitrückens. Manche sind gerade so wie steilrechte, aus Steintellern gelegte Säulen. Die bedeutendsten sind der Sesselfels und der Hohenstein... In den steilrechten Sesselfels ist eine Steintreppe gehauen. Wenn man sie hinangestiegen ist, steht man auf einer waagrechten Steinfläche, auf welcher nur wenige Menschen Platz haben. Man steht gerade mit seinen Fußsohlen neben den Wipfeln der hohen Bäume.« Der Blick geht weit hinein ins Böhmische, Österreichische und Bayerische.

Referring to these unique stone formations Adalbert Stifter wrote in 1867: "Granite formations rise here and there at the edge of the woods which look as though they had been made of huge stone circles. Most probably they are the remains of a massive weathered granite ridge. Some are straight like vertical pillars made of stone discs. The most important are the Sesselfels and the Hohenstein. A stone staircase has been hewn in the upright Sesselsfels (rock-chair). At the top of this staircase is a horizontal stone on which there is only room for a few people. One stands with one's feet just level with the tops of the tall trees." The view goes far across into Bohemia, Austria and Bavaria.

En 1867, Adalbert Stifter écrivait à propos de ces étranges figures de pierre: «Dans la clairière s'élèvent ça et là des amas de granit qui ont l'air d'avoir été faits de disques de pierre géants. Ce sont probablement les restes d'une puissante arête de granit découpée par l'érosion. Certains ressemblent vraiment à des colonnes verticales faites d'assiettes de pierre. Les plus remarquables sont le ‹Sesselfels› et le ‹Hohenstein›...Un escalier de pierre a été taillé dans l'abrupt vertical du ‹Sesselfels›. Lorsqu'on l'a gravi, on se trouve sur une plate-forme de pierre horizontale sur laquelle seulement quelques personnes trouvent place. On se tient debout avec la plante des pieds toute proche de la cime des grands arbres.» La vue s'étend très loin dans les pays de Bohème, d'Autriche et de Bavière.

53 Hochmoorseen im Bayerischen Wald

53 High-moor lakes in the Bavarian Forest

53 Fagnes dans la Forêt de Bavière

Zwischen den Bayerwald-Bergen Lusen und Rachel breitet sich von der Landesgrenze nach Süden der »Hintere Wald« aus. Dieses selbst heutzutage noch weithin urtümliche Gebiet liegt verhältnismäßig hoch und bietet in den »Seelacka« eine einzigartige Sehenswürdigkeit der Natur. Seelacka nennen die Einheimischen jene Tümpel, die kaum mehr als anderthalb Meter tief sind. Ihre Wasserfläche ist kaum bewegt, nur abgefallene Äste, umgestürzte Baumstämme, Blätter und Gräser treiben darauf und vermodern im Lauf der Zeit. Ihre moorigen Ufer tragen eine reichhaltige Vegetation. – Unser Bild zeigt den Hochmoorsee im Großen Filz auf dem Spitzberg (1350 m).

Between the mountains Lusen and Rachel in the Bavarian Forest the "Rear Forest" spreads from the state border towards the south. This area, which even today is largely virgin land, lies comparatively high and presents a unique natural wonder in the "Seelacka". This is the local name for these ponds which are hardly more than one and a half metres deep. Their surface barely moves, only fallen branches, overthrown tree-trunks, leaves and grasses float on it and rot as time goes by. Their swampy banks carry a wide variety of vegetation. Our picture shows the moorland lake in the Great Marsh on the Spitzberg (1350 m).

Entre les monts de la Forêt de Bavière Lusen et Rachel, de la frontière du pays vers le sud s'étend l'«Hinterer Wald». Cette région, aujourd'hui encore relativement vierge, est située à une altitude assez élevée et offre une curiosité naturelle unique en son genre, les «Seelacka». C'est le nom que donnent les gens du pays à ces mares qui ont à peine plus d'un mètre et demi de profondeur. La surface de leurs eaux bouge à peine, seules des branches tombées, des troncs d'arbres renversés, des feuilles et des herbes flottent dessus et se décomposent lentement. Leurs rives marécageuses sont couvertes d'une abondante végétation. – Notre photo montre la fagne dans le Großer Filz, sur le Spitzberg (1350 m).

Der Bayerische Wald bildet, zusammen mit dem Böhmerwald, das größte geschlossene Waldgebiet Mitteleuropas. Noch um die Mitte des vorigen Jahrhunderts gab es in den Wäldern Luchse und Wölfe; aber schon um 1820 war das Rotwild im böhmischen wie im bayerischen Teil ausgerottet. Andere Tierarten wie Uhu, Biber und Fischotter wurden mit dem Vordringen der Zivilisation immer mehr zurückgedrängt.

Durch die Einrichtung des »Nationalparks Bayerischer Wald« soll versucht werden, selten gewordene Tiere wieder anzusiedeln und daneben besondere Tiere in Gehegen zu halten – wie dieses Wildrind, das noch im frühen Mittelalter in Europa weit verbreitet war.

The Bavarian Forest together with the Bohemian Forest forms the largest compact woodland area in central Europe. In the middle of the last century there were still lynxes and wolves in the forest, but already around 1820 red deer had died out in both the Bohemian and the Bavarian parts. Other species of animal such as owls, beavers and otters were forced to retreat more and more with the advance of civilization.

With the formation of the "Bavarian Forest National Park" an effort is being made to reintroduce the animals which have become rare, and in addition to keep certain animals in enclosures –like these wild cattle which were still widespread in Europe in the early middle ages.

Avec la Forêt de Bohème, la Forêt de Bavière forme l'ensemble forestier le plus étendu d'Europe. Au milieu du siècle dernier, il y avait encore des lynx et des loups dans les forêts; mais dès 1820 les bêtes fauves avaient été exterminées dans la partie bohémienne comme dans la partie bavaroise. D'autres espèces animales comme le grand duc, le castor ou la loutre, ont peu à peu reculé devant la progression de la civilisation.

En procédant à l'aménagement du «Parc National de la Forêt de Bavière», on veut essayer d'encourager le peuplement d'espèces devenues rares et d'élever dans des enclos des animaux particulièrement intéressants – comme ce bovin sauvage dont l'espèce était très répandue en Europe jusqu'au Moyen-Age.

55 Schnupftabakgläser im Waldmuseum Zwiesel

Lange Winter und karger Boden zwangen die Waldler, sich und ihre Familien durch einen Nebenverdienst fortzubringen. Quarzvorkommen als Grundlage für Glasherstellung und Holzreichtum für die Brennöfen ließen schon im hohen Mittelalter eine Glasproduktion entstehen, die sich bis zur Gegenwart halten konnte. Eines der liebenswürdigsten Erzeugnisse sind die Schmalzler-Gläser, wie sie im Zwieseler Waldmuseum so zahlreich in den verschiedensten Farben und Ornamenten verwahrt werden.

55 Snuff glasses in the Waldmuseum of Zwiesel

Long winters and barren soil compelled the inhabitants of the forest region to support themselves and their families by secondary earnings. Quartz deposits as a basis for making glass and a surfeit of wood for kilns enabled glass production to begin as early as the high middle ages, and it has remained active until this day. Some of the most charming products are the Snuff glasses, of which a great number in the most varied colours and ornamentation are kept in this local Zwiesel museum.

55 Verres à tabac à priser dans le musée forestier de Zwiesel

Les longs hivers et le sol pauvre ont obligé les habitants de la forêt à chercher des ressources secondaires pour assurer leur subsistance et celle de leur famille. Des gisements de quartz, élément de base de la fabrication du verre, et une autre richesse, le bois nécessaire aux fours, ont permis à la production du verre d'apparaître dès le milieu du Moyen-Age, industrie qui s'est maintenue jusque de nos jours. L'un de ses plus charmants produits, ce sont ces verres à tabac à priser que l'on peut voir en si grand nombre, dans les couleurs les plus variées et décorés de motifs les plus divers, au musée forestier de Zwiesel.

56 Blick zum Großen Arber

56 View to the Großen Arber

56 Vue sur le Grand Arber

Mit einer Höhe von 1456 Metern ist der Große Arber die höchste Erhebung des Bayerischen Waldes und des Böhmerwaldes: Er ragt als ein breitgelagerter Bergrücken aus den schier unendlich sich reihenden Waldhügeln und -ketten empor. Noch vor kaum einer Generation gehörte das Gebiet um den Arber zu den unberührtesten Gegenden des Bayerischen Waldes; heute machen Straßen und Bergbahn den Berg sommers wie winters zu einem der meistbesuchten Punkte des Bayerwaldgebirges. Dennoch kann derjenige Besucher, der auf den vielen markierten Wegen wandern will, abseits des Trubels unberührte Natur und Stille finden.

With a height of 1456 metres, the Große Arber is the highest point of the Bavarian Forest and the Bohemian Woods: it towers as a broad-lying mountain ridge above the never-ending ranges of wooded hills. Hardly a generation ago the region around the Arber was among the most unspoilt areas in the Bavarian Forest: today roads and mountain railway make it into one of the most-visited spots in the mountains of the Bavarian Forest both in summer and winter alike. In spite of this, the visitor who decides to take one of the many signposted footpaths can find untrammled nature and solitude away from the crowds.

Avec son altitude de 1456 mètres, le Grand Arber est le mont le plus élevé de la Forêt de Bavière et de la Forêt de Bohème: C'est un sommet aux larges assises qui s'élève au-dessus des collines et chaînes boisées se succédant à l'infini. Il y a une génération à peine, la région de l'Arber comptait encore au nombre des contrées les plus vierges de la Forêt de Bavière; aujourd'hui, routes et chemins de fer de montagne font de ce sommet, été comme hiver, l'un des lieux les plus fréquentés dans tout le massif de la Forêt de Bavière. Mais le visiteur qui vient y faire des randonnées sur les nombreux chemins jalonnés, trouvera une nature vierge et la calme à l'écart de l'agitation.

57 Ruine der Burg Weißenstein

57 Ruins of the castle of Weißenstein

57 Ruines du burg Weißenstein

Südlich von Regen zieht von Südost nach Nordwest der »Pfahl« vorbei – ein rund 150 Kilometer langes Quarzriff zwischen Freyung und Schwandorf. Da es langsamer verwitterte als seine Umgebung, blieb dieser »Härtling« stehen. Er wurde im Mittelalter als »Teufelsmauer« bezeichnet, weil man sich die natürliche Entstehung dieses hellschimmernden Steinwalls nicht erklären konnte. Häufig wurden an den steilen Stellen Burgen errichtet wie die Weißenstein: ihr langgezogener Grundriß ist durch den schmalen Bauplatz bedingt, an dessen höchster Stelle der Bergfried errichtet wurde. Seit dem Dreißigjährigen Krieg ist die im frühen 13. Jahrhundert erbaute Burg Ruine.

South of the Regen running from south-east to north-west the "Pfahl" goes past – a 150-kilometre-long quartz ridge between Freyung and Schwandorf. Since it weathers more slowly than its surroundings this "monadnock" remains standing. It was called the "Devil's Wall" in the middle ages because no-one could explain the natural origin of this brightly glistening stone wall. On its steeper parts castles were often built, like Weißenstein: its long lay-out is conditioned by the narrowness of the building site, and the keep was erected on its highest point. The castle which was built in the early C13 has been a ruin since the Thirty Years War.

Au sud de Regen, le «Pfahl» s'étire du sud-est vers le nord-ouest – une arête de quartz d'une longueur d'environ 150 kilomètres, entre Freyung et Schwandorf. Ayant mieux résisté à l'érosion que les roches voisines, cette arête plus dure s'est peu à peu dégagée. Au Moyen-Age, on l'appelait la «muraille du diable» à défaut de pouvoir donner une explication naturelle à son origine. Les endroits abrupts furent souvent choisis comme emplacement pour la construction de châteaux-forts comme par exemple le burg Weißenstein: son plan tout en longueur est déterminé par l'étroitesse de l'emplacement construisible dont le point le plus élevé porte le donjon. Depuis la guerre de Trente Ans, ce château érigé au début du XIIIᵉ siècle est réduit à l'état de ruine.

58 Im Bayerwalddorf

58 Village in the Bavarian Forest

58 Dans un village de la Forêt de Bavière

Im rauhen Bayerischen Wald ist die Natur dem Menschen feindlicher gesinnt als anderswo in Bayern. Die Sommer sind kurz, oft trägt das Land mehr als ein halbes Jahr eine geschlossene Schneedecke. Um so wichtiger ist für den Waldler das Heim, das Dorf, in dem er Schutz vor der Witterung findet, in dessen Gemeinschaft und Brauchtum er sich zu Hause und geborgen fühlt.

So ist es kein Wunder, daß der Waldler seinem Dorf und seinem Haus stets alle Pflege zukommen ließ, die seine kargen Mittel erlaubten. Zwar sind die Häuser kleiner, ihr Zierat spärlicher als in den reicheren Gegenden Ober- und Niederbayerns, aber auch das Waldlerhaus weiß durch die Schönheit seiner Proportionen und die dezenten, auf Balkon und First beschränkten Schnitzereien zu gefallen.

In the wild Bavarian Forest nature is more hostile towards man than any other place in Bavaria. The summers are brief, and often the land is covered with a carpet of snow for more than half the year. For this reason his house and his village where he can shelter from the elements and where he feels at home and protected in its society and traditions are all the more important for the inhabitant of this forest region.

So it is no wonder that the forest dweller cares for his house and his village as far as his meagre income permits. The houses may be smaller and their ornamentation more sparse than in the more prosperous regions of Upper and Lower Bavaria, but yet the houses of this area please the eye through their beauty of proportion and the tasteful carving which is limited to balcony and gable.

La Forêt de Bavière est une région rude où la nature est plus hostile à l'homme que partout ailleurs en Bavière. Les étés sont courts et le pays est souvent recouvert d'une couche de neige ininterrompue pendant plus de six mois dans l'année. D'autant plus grande est donc, pour l'habitant de cette région, l'importance de la maison et du village où il trouve un abri contre les intempéries, où la communauté lui donne un sentiment de sécurité que renforcent les coutumes familières.

Il n'y a donc rien d'étonnant à ce que l'habitant des forêts ait apporté à son village et à sa maison tous les soins que permettaient ses moyens limités. Certes, les maisons sont plus petites, leur décoration plus modeste que dans les régions plus riche de Haute et Basse-Bavière, mais elles plaisent tout autant grâce à la beauté de leurs proportions et des simples sculptures limitées à la décoration du balcon et au faîte du toit.

59　Blick von der Rusel nach Süden

59　View from the Rusel towards the south

59　Vue du haut du Rusel vers le sud

Die Rusel ist ein lohnender Aussichtsberg im »Vorderen Wald«, einer Hügelkette, die sich parallel zwischen Donau und »Hinterem Wald« erstreckt. Obwohl sich auch hier (wie unser Foto zeigt) die Hügel hintereinander schieben und im blauen Dunst der Ferne verlieren, ist der Unterschied zur Landschaft im eigentlichen Waldgebirge sehr deutlich: Anstelle des düsteren Nadelwaldes ist der Mischbestand getreten, die Felder sind von Hecken durchzogen und die Besiedlung und landwirtschaftliche Bebauung reicht hoch hinauf. Die nach Süden zur Donau abfallenden Hänge sind durch die Bayerwaldberge vor den rauhen Winden aus Böhmen geschützt. So konnte sich hier ein beachtenswerter Obstbau entwickeln.

The Rusel is a mountain with a worthwhile view. It lies in the "Front Forest", a chain of hills which stretches between the Danube and the "Rear Forest". Although the hills here (as seen in the photo) also rise row upon row until they are lost in the distant blue mist, the difference between this landscape and that of the actual forest is very clear: instead of gloomy conifers the woods are mixed with deciduous trees, the fields are divided by hedges and the villages and farms are built high up into the hills. The southern slopes which face toward the Danube are protected by the mountains of the Bavarian Forest against the cold winds from Bohemia. On account of this it has developed into a considerable fruit-growing district.

Le Rusel est un mont d'où l'on découvre un panorama qui vaut le déplacement. Il est situé dans le «Vorderer Wald» et fait partie d'une chaîne de collines qui s'étire parallèlement au Danube d'un côté et à l'«Hinterer Wald» de l'autre. Bien que (comme le montre notre photo) nous retrouvions ici la même succession de collines se perdant dans le bleu du lointain, la différence avec le paysage du massif forestier proprement dit apparaît très clairement: les sombres forêts de résineux on fait place à des essences mélangées, les champs sont bordés de haies et enfin, l'habitat et l'exploitation agricole y montent plus haut. Les versants sud tombant sur le Danube sont protégés par les hauteurs de la Forêt Bavaroise des vents froids soufflant de Bohème. Une situation qui a favorisé le développement de cultures fruitières importantes.

60   In der Stadtpfarrkirche von Viechtach

Verhältnismäßig spät – zwischen 1760 und 1766 – wurde der Rokokobau der Stadtpfarrkirche von Viechtach errichtet; ihre Stuckausstattung schufen Wanderstukkateure aus Wessobrunn. In unserem Bild – es zeigt die Dekoration über einem Altar – wird deutlich, wie sich die höfische Eleganz des Rokoko mit einer volkstümlich-bäuerlichen Freude am Dekor und an Farbigkeit verbindet. Dies ist eines der erstaunlichsten Phänomene dieses Stils: sein Reichtum an Formen und Motiven entsprach so sehr dem bayerischen Wesen, daß selbst einfache Handwerker auf dem Land einen Abglanz dieser beschwingten Kunst in die abgelegensten Kirchen trugen.

60   In the parish church of Viechtach

The rococo parish church of Viechtach was erected comparatively late –between 1760 and 1766; its stucco decoration was done by wandering stucco-workers from Wessobrunn. The picture – it shows the decoration above one of the altars – demonstrates how the courtly elegance of the rococo is combined with a traditional rustic delight in decoration and colour. This is one of the astounding phenomena of this style: its abundance of forms and motifs were so akin to the Bavarian character that even simple workmen in the country carried a reflection of this vivacious art into the remotest churches.

60   Dans l'église paroissiale de Viechtach

L'édifice rococo de l'église paroissiale de Viechtach a été construit relativement tard – entre 1760 et 1766 – et ce sont des artistes ambulants venus de Wessobrunn qui ont créé sa décoration de stucs. Notre photo – vue de la décoration au-dessus d'un autel – montre bien comment l'élégance de cour du rococo s'allie à un goût populaire et rural pour le décor et la couleur. Et c'est là l'un des phénomènes les plus étonnants liés à l'histoire de ce style: sa richesse de formes et de motifs correspondait si bien à la nature bavaroise que, dans les campagnes, même de modestes artisans ont introduit un reflet de cet art enjoué jusque dans les églises les plus reculées.

61   Kötztinger Pfingstritt

Einst wurde der Pfarrer von Kötzting ins sechs Kilometer entfernte Steinbühl gerufen, um einem Sterbenden die Sakramente zu spenden. Doch der Weg war gefährlich, und so ließ sich der geistliche Herr zu seinem Schutz von einer Anzahl mutiger Burschen begleiten. Auf dem Heimweg entgingen die Reiter nur knapp den auf sie lauernden Straßenräubern. Zum Dank für ihre Rettung gelobten sie, den gleichen Weg jedes Jahr in feierlicher Reiterprozession zurückzulegen.

Wahrscheinlich ist freilich, daß der Brauch wie so viele Umgänge und Umritte auf einen im Kern heidnischen Fruchtbarkeitsritus zurückgeht. Wie dem auch sei – stets ist der Kötztinger Pfingstritt ein großartiges und farbenfrohes Schauspiel, das jedes Jahr Zehntausende anlockt.

61   Kötztinger Whitsun Parade

Once the priest of Kötzting was called to Steinbühl, six kilometres away, to administer the sacrament to a dying man. But the way was dangerous, so the reverend gentleman was accompanied by several brave youths for protection. On their return journey the riders narrowly escaped the robbers who were waiting in ambush. As a thank-offering for their escape they vowed to ride the same way each year in solemn procession.

It is more likely however that the custom, like so many processions and parades, goes back in origin to heathen fertility rites. Whatever it may be, the Kötztinger Whitsun parade is a splendid and colourful pageant which attracts tens of thousands each year.

61   Kötzting, procession de la Pentecôte

Il y a bien longtemps, le curé de Kötzting fut appelé à Steinbühl à six kilomètres de là pour donner l'Extrême-Onction à un mourant. Mais la route n'était pas sûre, aussi l'homme de Dieu assura-t-il sa protection en se faisant accompagner de quelques garçons courageux. Sur le chemin du retour, les cavaliers n'échappèrent que de justesse aux brigands qui les guettaient. En reconnaissance de leur salut, ils jurèrent de parcourir le même chemin, chaque année, en procession solennelle à cheval.

Il est certes plus vraisemblable que la coutume, comme tant de processions à pied ou à cheval, trouve son origine dans un rite païen ayant trait à la fécondité. Mais quoi qu'il en soit, la procession à cheval de Kötzting offre toujours un spectacle admirable et haut en couleurs qui attire chaque année, à la Pentecôte, des milliers et des milliers de personnes.

Die Kirche Mariae Himmelfahrt war ursprünglich das Gotteshaus eines Benediktinerklosters. Es war eine der frühesten Klostergründungen in Bayern: sie darf spätestens um die Mitte des 8. Jahrhunderts angesetzt werden und erlangte als Missionszentrum hohe Bedeutung. Der Chor der heutigen Kirche aus der zweiten Hälfte des 13. Jahrhunderts weist auf die Dominikanerkirche von Regensburg hin. – Im Gottesacker mit einer ansehnlichen Reihe schmiedeeiserner Grabkreuze steht auch eine Friedhofskapelle, die um 1400 auf einem romanischen Karner (Beinhaus) erbaut wurde.

The church of Maria Himmelfahrt was originally the church of a Benedictine monastery. It was one of the earliest monastic foundations in Bavaria: at the latest it was started in the middle of the C8 and achieved great importance as a mission centre. The choir of the present church from the second half of the C13 is reminiscent of the Dominican church in Regensburg. The graveyard with its goodly row of wrought-iron crosses also contains a cemetery chapel built about 1400 over a Roman charnel house.

Sainte Marie de l'Assomption était à l'origine l'église d'un monastère de Bénédictins. C'était l'une des fondations les plus anciennes en Bavière: il est permis de la situer au plus tard vers le milieu du VIIIe siècle et elle prit une grande importance en tant que centre d'évangélisation. Le chœur de l'église actuelle date de la seconde moitié du XIIIe siècle et rappelle l'église des Dominicains de Ratisbonne. Dans le cimetière on trouve de nombreuses croix en fer forgé ainsi qu'une chapelle qui fut édifiée vers 1400 sur l'emplacement d'un ossuaire roman.

Die Stadt Amberg entstand im 13. Jahrhundert aus der Vereinigung zweier Siedlungen um die beiden Stadtpfarrkirchen St. Martin (im Bild) und St. Georg. Neben Heidelberg war es über Jahrhunderte der bedeutendste Ort der Kurpfalz. Noch heute kündet das ehemalige Schloß und die mächtige, noch weitgehend erhaltene Stadtbefestigung von seinem einstigen Rang, der stolze Bau des Rathauses vom Selbstbewußtsein seiner Bürger.

Mit dem Dreißigjährigen Krieg, der die Wirtschaftskraft der Stadt brach, begann der Niedergang. Amberg fiel an Bayern und wurde damit zu einer Provinzstadt fern den Machtzentren des Kurfürstentums. Später verlor es auch seine Vorrangstellung im Oberpfälzer Raum an Regensburg. Heutige Generationen haben den Vorteil, denn ihnen präsentiert sich Amberg als schmucke Mittelstadt mit weithin unverdorbenem Stadtbild.

The town of Amberg was created in the C13 by the union of two settlements around the parish churches of St Martin (in the picture) and St George. Next to Heidelberg it was the most important town in the Electorate of the Palatinate for hundreds of years. Today the former palace and the mighty fortifications, which still exist to a large extent, point to its former status, and the proud Town Hall to the self-assurance of its inhabitants.

Its downfall began with the Thirty Years War which broke the economic strength of the town. Amberg was given to Bavaria and thereby became a provincial town far from the centres of power of the Electorate. Later it also lost its superior position in the Upper Palatinate to Regensburg. Present generations have the advantage, since Amberg is a medium sized town with a largely unspoilt appearance.

La ville d'Amberg se forma au XIIIᵉ siècle à partir de deux agglomérations dont le centre étaient les deux églises paroissiales Saint-Martin (sur notre photo) et Saint- Georges. Ce fut pendant des siècles la ville la plus importante du Palatinat, si l'on excepte Heidelberg. Aujourd'hui encore, l'ancien château et les puissantes fortifications de la ville, en grande partie conservées, témoignent de son importance passée, et le fier édifice de l'Hôtel de Ville se fait l'expression de la conscience de soi de ses bourgeois.

Avec la guerre de Trente Ans qui brisa le ressort économique de la ville commença le déclin. Amberg revint à la Bavière et retomba au rang de ville de province éloignée des centres du pouvoir de la principauté-électorat. Plus tard, elle dut également s'effacer devant la prééminence de Regensburg (Ratisbonne) dans le Haut-Palatinat. Les générations actuelles ne peuvent que s'en réjouir car Amberg est maintenant une jolie ville d'importance moyenne à la physionomie très peu altérée.

Auf dem Glasberg bei Münchenreuth haben die Zisterzienser des nahen Klosters Waldsassen durch den Barockbaumeister Georg Dientzenhofer von 1684 an eine Wallfahrtskirche zu Ehren der Heiligsten Dreifaltigkeit errichten lassen. Dem Bau ist die Drei-Zahl als Symbol der Trinität zugrunde gelegt – einem gleichseitigen Dreieck sind drei große Konchen angefügt, zwischen ihnen erheben sich drei Türme mit Zwiebelhauben; die drei niedrigeren Dachreiter dazwischen bezeichnen die drei Altarräume, und drei Eingänge führen in das Innere. In den vergangenen Jahren wurde dieser originelle Kirchenbau hervorragend restauriert.

In 1684 the Cistercians of the nearby monastery of Waldsassen had a pilgrimage church to the Glory of the Holy Trinity erected by the baroque master builder Georg Dientzenhofer on the Glasberg near Münchenreuth.

The building is based on the figure three as symbol of the Trinity – three large apses are added to an equilateral triangle, between them rise three towers with bulbous domes; the three lower ridge turrets in between mark the three chancels, and there are three entrances. In the last few years the original building was excellently restored.

Sur le Glasberg, près de Münchenreuth, les Cisterciens du monastère de Waldsassen tout proche ont fait ériger, en 1684, par le maître d'œuvre baroque Georg Dientzenhofer, une église de pélerinage dédiée à la Sainte-Trinité. La construction s'ordonne en tout en fonction du chiffre trois, symbole de la trinité – un triangle équilatéral avec trois grandes niches en forme de coquillages entre lesquelles se dressent trois tours coiffées de coupoles en forme de bulbes; entre elles, les trois clochetons plus bas indiquent l'emplacement des trois autels et trois entrées permettent de pénétrer à l'intérieur. Au cours de ces dernières années, cette église d'une construction originale a été admirablement bien restaurée.

Rund um den Ochsenkopf, den man heute auf einer Panoramastraße umrunden kann, finden sich Quellen und Seen, auch Stauseen, in größerer Zahl. Einer der schönsten ist der Fichtelsee. Dieser ehemals für bergbauliche Zwecke gestaute Weiher liegt inmitten des Fichtelsee-Hochmoores – eines Naturschutzgebietes – zwischen Schneeberg und Ochsenkopf in einer Einsattelung. Der Bergbau ist fast völlig erloschen; die Fichtelberger Gläser waren einmal bekannt, heute spielt vor allem die Porzellanindustrie im Fichtelgebirge eine bedeutende Rolle.

Around the Ochsenkopf which today one can circumvent on a panoramic route there are many springs and lakes, also a number of reservoirs. One of the most beautiful is Fichtelsee. This lake which was originally dammed up for mining purposes lies in the middle of the Fichtelsee moor – a nature preserve – in a depression between the Schneeberg and the Ochsenkopf. Mining has almost ceased; the Fichtelberg glasses were once well-known, and today the china industry in particular plays an important part in the Fichtel mountains.

Tout autour de l'Ochsenkopf, dont une route touristique panoramique permet aujourd'hui de faire le tour, il y a partout des sources et des lacs, et aussi des lacs de retenue en grand nombre. L'un des plus beaux est le Fichtelsee. Cet étang, dont les eaux furent autrefois retenues pour des raisons d'exploitation minière, est situé au milieu de la fagne du Fichtelsee – site protégé – entre Schneeberg et Ochsenkopf, dans un synclinal. L'exploitation minière est presque totalement arrêtée; les verres de Fichtelberg ont connu une certaine renommée, autrefois, et aujourd'hui c'est surtout l'industrie de la porcelaine qui anime le Fichtelgebirge.

Bayreuth war seit 1603 Residenz der Markgrafen von Ansbach-Bayreuth aus dem Hause Hohenzollern. Die höchste künstlerische Blütezeit erlebte die Stadt im 18. Jahrhundert unter Markgraf Friedrich und seiner Gemahlin Wilhelmine, der Lieblingsschwester Friedrichs des Großen. Nachdem sie für den prachtvollen Bau des Markgräflichen Theaters gesorgt und draußen vor der Stadt die Anlage der Eremitage um einen Neubau bereichert hatte, bot ein Brand im Jahr 1753 den willkommenen Anlaß zu einem Neubau des Stadtschlosses. Es entstand eine der bezauberndsten Residenzen des Rokoko mit köstlichen, ganz auf die Einfälle der Markgräfin zurückgehenden Zimmern.

Bayreuth was the residence of the margraves of Ansbach-Bayreuth of the house of Hohenzollern since 1603. The town experienced its artistic heyday in the C18 under the margrave Friedrich and his wife Wilhelmine, the favourite sister of Frederick the Great. After she provided for the splendid building of the margravian theatre and added a new building to the Eremitage complex outside the town, a fire in the year 1753 was a welcome excuse to rebuild the town palace. So one of the most enchanting residences in rococo style was created with exquisite rooms which were based solely on the inspiration of the margravine.

Depuis 1603, Bayreuth était la ville de résidence des margraves d'Ansbach-Bayreuth de la famille des Hohenzollern. La ville connu son plus bel épanouissement artistique au XVIIIᵉ siècle, sous le margrave Friedrich et son épouse Wilhelmine, la sœur préférée de Frédéric le Grand. Alors que celle-ci s'était déjà occupée de faire édifier le sompteux Théâtre du Margrave et avait enrichi l'Eremitage, à l'extérieur de la ville, d'une nouvelle construction, un incendie, en 1753, fut l'occasion bienvenue de reconstruire le château dans la ville. Et c'est ainsi que fut réalisée la plus ravissante résidence rococo aux pièces exquises créées tout entières sur des idées de la margrave.

67 Tüchersfeld, das Felsendorf

67 Tüchersfeld, the village of the rocks

67 Tüchersfeld, le village dans les rochers

Im Herzen der Fränkischen Schweiz, einem Dorado für Wanderfreunde mit romantischem Herzen, liegt Tüchersfeld. Altfränkisch, altdeutsch schmiegt es sich an die bizarren Felsgebilde der stehengebliebenen Dolomitfelsgruppe. Von den ehemals hier befindlichen zwei Burgen, die der Sage nach durch eine lederne Hängebrücke miteinander verbunden waren, sind nur noch spärliche Reste erhalten. Entlang den Tälern der Püttlach, der Wiesent und des Ailsbaches bieten sich reizvolle Wege, etwa nach Gößweinstein, nach Pottenstein, oder zur Behringersmühle.

In the heart of Franconian Switzerland, an El Dorado for hikers with romantic hearts, lies Tüchersfeld. Old Franconian, old German, it nestles against the bizarre formation of the remaining group of Dolomite rocks. Of the two castles which stood there from time immemorial and, so the story goes, were joined to one another by means of a leather suspension bridge, only a few ruins remain. Along the valleys of the Püttlach, the Wiesent and the Ailsbach there are delightful walks to Gössweinstein, Pottenstein or Behringsmühle for instance.

Tüchersfeld se trouve au cœur de la Suisse franconienne, un paradis pour les amateurs de randonnées à l'âme romantique. Vieille Franconie, vieille Allemagne à la fois, il se blottit contre les formes bizarres du groupe de roches calcaires qui se dressent là. Des deux châteaux-forts qui se trouvaient ici autrefois, qui – selon la légende – étaient reliés entre eux par un pont suspendu en cuir, seuls quelques rares vestiges sont conservés. Dans les environs, on trouve de ravissants chemins suivant les vallées de la Püttlach, de la Wiesent et de l'Ailsbach et conduisant par exemple à Gößweinstein, à Pottenstein ou au moulin de Behringer.

Die Wiesent schlängelt sich in nordnordöstlicher Richtung durch die Fränkische Schweiz, bis sie kurz vor Gößweinstein, wo die Wasser von Ailsbach und Püttlach hinzukommen, sich in einer engen Biegung fast wieder zurückwendet, um dann westwärts weiterzufließen. Hier hat sie sich durch den Jura nagen müssen, der ihren Lauf mit steilaufragenden Felsen bedrängt. Noch bevor Wallfahrtskirche und Ort Gößweinstein zu sehen sind, fällt einem die kleine Burg am anderen Ufer ins Auge: Sie soll das Urbild von Richard Wagners Gralsburg sein, die kleine Schwester von König Ludwigs Neuschwanstein, die hier ihre angemessene romantische Umgebung gefunden hat.

The Wiesent winds its way through Franconian Switzerland in a north-northwest direction until, shortly before Gössweinstein where the waters of the Ailsbach and the Püttlach enter, it almost doubles back in a sharp bend in order to flow on again westwards. Here it had to bore its way through the Jura which threatens its course with steeply towering rocks. Even before the pilgrimage church and village of Gössweinstein come into view, one sees the little castle on the far bank: it is supposed to be the original of Richard Wagner's Castle of the Holy Grail, the little sister of King Ludwig's Neuschwanstein which has found fitting romantic surroundings here.

La Wiesent serpente vers le nord-nord-est à travers la Suisse franconienne jusqu'à ce que, un peu avant Gößweinstein où elle reçoit les eaux de l'Ailsbach et de la Püttlach, elle fasse un demi-tour en épingle à cheveux presque complet pour continuer ensuite vers l'ouest. Ici, il lui a fallu grignoter le Jura qui fait obstacle à son cours avec ses rochers s'élevant abruptement. Avant que l'on n'aperçoivent l'église de pélerinage et la localité de Gößweinstein, les yeux tombent sur un petit burg sur l'autre rive: ce serait l'original du château du Graal de Richard Wagner, le petit frère du Neuschwanstein du roi Louis, qui trouve là un cadre romantique à sa mesure.

Die Weißjura- und Dolomitfelsen, durch die sich die Pegnitz um die Ausläufer der Hersbrucker Alb schlängelt, bieten für die Nürnberger mit Kletterambitionen Hochgebirgsersatz. Besonders die bekannten »Riffelfelsen« bei Alfalter, wahre »steile Zähne«, stacheln den Ehrgeiz der Aufstiegssüchtigen zu immer neuen Klettervarianten an.

Der Ort selbst war lange Zeit Mittelpunkt der Hersbrucker Hirtenkultur; Hersbruck zeigt in seinem Hirtenmuseum Zeugnisse handwerklicher Kunstfertigkeit der Hirten, die sich noch immer am 6. Januar zu ihrem Hirtenfeiertag hier treffen.

The white Jura and Dolomite rocks through which the Pegnitz wanders around the foothills of the Hersbrucker Alb are a high-mountain makeshift for the would-be climber from Nuremberg. Particularly the well-known "Riffelfelsen" near Alfalter, real "hot stuff", encourage the ambitious mountaineering fan to try his skill in new ways.

The village itself was for a long time the centre of Hersbruck shepherd culture; in its shepherd museum, Hersbruck displays examples of handwork showing the artistic ability of the shepherds who still meet here each January 6th for their Shepherd's Holiday.

Les habitants de Nuremberg amateurs d'escalade trouvent un terrain qui peut leur donner l'illusion de la haute montagne dans le Jura Blanc et les rochers calcaires à travers lesquels la Pegnitz serpente en contournant les contreforts de l'Hersbrucker Alb. Et les «Riffelfelsen» bien connus, près d'Alfalter, véritables «pitons abrupts», aiguillonnent tout particulièrement l'ambition des passionnés d'ascension et leur inspire toujours une nouvelle variante de leurs exploits.

La localité elle-même a longtemps été le centre de la culture pastorale de l'Hersbrucker Alb; dans le musée pastoral d'Hersbruck, on peut admirer les produits de l'habileté artisanale des bergers qui continuent de se rencontrer ici, le 6 janvier, jour de leur fête.

Wenn man von St. Lorenz kommend in Richtung Hauptmarkt und Burg geht, benutzt man meist die Museumsbrücke oder die Fleischbrücke über die Pegnitz. Nur ein kleines Stückchen flußabwärts hat sich aber noch eine rechte Idylle erhalten: der schmale Henkersteg, der zwischen Unschlitthaus und Weinstadel am Wasserturm das kleine Inselchen im Fluß mit den beiden Ufern verbindet. Der spätgotische Bau des Weinstadels, der wuchtige Quaderturm aus dem 13. Jahrhundert und der hölzerne Steg fügen sich zu einem mittelalterlichen Stadtbild zusammen, zu dem die Türme von St. Sebald herübergrüßen.

Coming from St Lorenz towards the Hauptmarkt and castle one usually crosses the Pegnitz by the Museumsbrücke or the Fleischbrücke. Only a little way down river however a real idyll has been preserved: the narrow Henkersteg (hangman's footbridge) between Unschlitthaus and the Weinstadl am Wasserturm which joins the little island in the river with both banks. The late-Gothic Weinstadl (wine-barn), the massive freestone tower from the C13 and the wooden footbridge combine to form a mediaeval picture in front of St Sebald.

Lorsque, arrivant de Saint Lorenz, on se dirige vers le marché principal et le château, on emprunte la plupart du temps le Museumsbrücke ou le Fleischbrücke pour traverser la Pegnitz. Et à quelque distance en aval, une véritable idylle s'est conservée: le Henkersteg, l'étroite passerelle «du bourreau» qui, entre l'Unschlitthaus et le Weinstadel, près du château d'eau, relie la petite île au milieu du fleuve avec les deux rives. Le bâtiment du Weinstadel en style fin du gothique, la puissante tour rectangulaire datant du XIIIᵉ siècle et la passerelle de bois offrent en un tableau moyennâgeux avec, non loin, les tours de Saint-Sebald.

71   Nürnberg, Dürerhaus am Fuß der Burg

Weithin sichtbar überragt noch heute im Norden der Altstadt die alte Kaiserburg das Gewirr der Häuser und Dächer. Wer bis dorthin vorgedrungen ist, steht an einem der schönsten und heimeligsten Plätze der Stadt vor dem Dürerhaus. Ihr berühmtester Sohn kaufte den spätgotischen Fachwerkbau 1509. Regiomontanus, Mathematiker und Astronom, hat vom Dachgeschoß aus die Sterne beobachtet, im Erdgeschoß stand die Druckerpresse des Anton Koberger. Bis zu seinem Tod 1528 hat Dürer hier gelebt und gearbeitet. Heute ist ein Museum dort eingerichtet, das auch Wechselausstellungen zeigt.

71   Nuremberg, Dürer house at the foot of the castle

Visible from far and wide, the old emperors' castle to the north of the town centre towers above the jumble of houses and roofs. Whoever makes his way to this point stands in one of the most beautiful and charming squares in the town, in front of the Dürer house. Nuremberg's most famous son bought this late-Gothic half-timbered building in 1509. From its attic Regiomontanus, mathematician and astronomer, had looked at the stars, and on the ground floor stood the printing-press of Anton Koberger. Dürer lived and worked here until his death in 1528. It has now been turned into a museum which also has additional exhibitions.

71   Nuremberg, la maison de Dürer au pied du château

Visible de loin, le vieux château impérial domine encore aujourd'hui le nord de la vieille ville avec le désordre de ses maisons et de ses toits. Lorsqu'on a trouvé le chemin pour parvenir là-haut, on se trouve sur l'une des plus belles et des plus attachantes places de la ville, devant la maison de Dürer. Celui-ci, le plus célèbre habitant de cette ville, acheta la construction à colombages en style fin du gothique en 1509. Regiomontanus, mathématicien et astronome, a observé les étoiles à partir de son grenier, le rez-de-chaussée a abrité les presses d'Anton Koberger. Jusqu'à sa mort, en 1528, Dürer a vécu et travaillé ici. Aujourd'hui, la maison abrite un musée qui organise aussi des expositions temporaires.

Historisch besteht Erlangen aus zwei verschiedenen Gründungen, der im 14. Jahrhundert entstandenen Altstadt und der seit 1686 als regelmäßiges Rechteck angelegten barocken Neustadt. Im Zentrum letzterer, im besonderen für die aus Frankreich berufenen Hugenotten errichtet, befindet sich das Schloß (1700–1704). Am Rande des großen, seit 1785 im englischen Stil angelegten Schloßgartens liegen außerdem Orangerie, Markgrafentheater und Redoutenhaus.

Das Schloß wurde 1798 von der preußischen Krone der Universität geschenkt, was zur weiteren Um- und Bebauung des Parkes mit verschiedenen Universitätsgebäuden geführt hat.

Historically speaking Erlangen stems from two different foundations, the Old Town of the C14 and the New Town which was laid out as a regular rectangle after 1686. In the centre of the latter, which was built mainly for the Huguenots coming from France, is the palace (1700–1704). Bordering the large garden which was laid out from 1785 onwards in the English style are the orangery, the margravian theatre and redoubt house.

The palace was given to the university in 1798 by the Prussian crown, and this led to further alterations in the park and the addition of various university buildings.

L'histoire d'Erlangen rapporte deux fondations différentes, l'une au XIVe siècle qui vit la naissance de la vieille ville et l'autre à partir de 1686 avec la construction de la nouvelle ville baroque disposée en carré régulier. C'est dans le centre de cette dernière, érigée en grande partie pour les Huguenots venus de France, que se trouve le château (1700–1704). En bordure des grands jardins aménagés en style anglais à partir de 1785 se trouvent également l'orangerie, le théâtre du margrave et la redoute.

En 1798, le château fut donné à l'Université par la couronne de Prusse ce qui a amené de nouveaux aménagements du parc ainsi que la construction de divers bâtiments universitaires.

Zwischen Erlangen und Bamberg im Tal der Regnitz liegt Forchheim. Mit seiner karolingischen Pfalz war es im frühen Mittelalter eine vielbesuchte Stätte für Reichs-, Fürsten- und Kirchenversammlungen. Die Bamberger Bischöfe bauten die Kaiserpfalz später zu einer wehrhaften Sommerresidenz aus. Einer der prächtigsten Winkel der Stadt ist um das Fachwerkrathaus mit dem Uhrtürmchen und der dahinter aufragenden St. Martinskirche. Das mächtige, tief gezogene Satteldach und die Würfelgeschosse des Turms aus Sandstein (14. Jahrhundert) mit der barocken Kuppel überragen das spitzwinkelige Dächergewirr der Bürgerhäuser um ein beträchtliches.

In the valley of the Regnitz between Erlangen and Bamberg lies Forchheim. With its Carolingian palace it was a much-visited place for imperial, ducal and ecclesiastical assemblies in the early middle ages. Later the bishops of Bamberg converted the imperial palace into a fortified summer residence. One of the most splendid corners of the town lies around the half-timbered Town Hall with the clock tower and the church of St Martin rising behind it. The mighty saddle roof with its low eaves and the quadratic storeys of the sandstone tower (C14) with its baroque cupola rise high above the steeply sloping jumble of roofs of the burgher houses.

Forchheim se trouve entre Erlangen et Bamberg, dans la vallée de la Regnitz. Dotée d'un château impérial par les Carolingiens, elle fut au Moyen-Age un lieu de rencontre très fréquenté par les assemblées impériales, princières et ecclésiastiques. Plus tard, les évêques de Bamberg transformèrent le château impérial en résidence d'été fortifiée. L'un des plus beaux quartiers de la ville, ce sont les alentours de l'Hôtel de Ville avec ses colombages et la petite tour de l'horloge et avec l'église Saint-Martin apparaissant derrière lui. L'imposant toit en bâtière aux assises basses et les étages en forme de dés de la tour en grès (XIVe siècle) à la coupole baroque dominent largement l'asymétrie des toits des maisons bourgeoises.

74 Bamberg, die »Lächelnde Kunigund« und »Klein-Venedig«

74 Bamberg, the "Smiling Kunigund" and "Little Venice"

74 Bamberg, la «Kunigund souriante» et la «petite Venise»

Bamberg, das die Jahrhunderte fast unversehrt überstanden hat, bietet viele Plätze und Winkel, die sehens- und erinnernswert sind. Seine Blütezeiten waren unter Kaiser Heinrich II., der Bamberg 1007 zum Bischofssitz erhob, und unter den Fürstbischöfen aus dem Hause Schönborn im Barock. Die »Lächelnde Kunigund« verbindet beide: sie war Gemahlin Kaiser Heinrichs, mußte nach verleumderischen Beschuldigungen zum Beweis ihrer Unschuld über glühende Pflugscharen gehen und wurde 1200 heilig gesprochen; ihre Statue auf der Regnitzbrücke stammt aus dem Barock und lächelt über die Besucher, die das dahinterliegende Idyll von »Klein-Venedig« bestaunen.

In Bamberg, which has survived the centuries almost unscathed, one finds many squares and corners which are well worth seeing and remembering. Its heyday came under the emperor Heinrich II who raised Bamberg to a seat of bishops in 1007, and also under the prince-bishops of the house of Schönborn in baroque times. The "Smiling Kunigund" connects the two: she was the wife of Emperor Heinrich who, after slanderous accusations, had to walk over red-hot ploughshares to prove her innocence and was canonized in 1200; her statue on the Regnitz bridge dates from baroque times and smiles down at the visitors who stop to admire the idyll of "Little Venice" which lies behind.

Bamberg, qui a traversé les siècles presque intacte, offre au visiteur de nombreux endroits et coins qui le séduiront et se graveront dans sa mémoire. Ses périodes de prospérité se situent sous l'empereur Henri II, qui, en 1077, éleva Bamberg au rang de siège épiscopal, et sous les princes-évêques de la maison Schönborn à l'époque baroque. La «Kunigund souriante» forme un lien entre elles: c'était l'épouse de l'empereur Henri, à la suite d'accusations calomnieuses, elle dut donner la preuve de son innocence en marchant sur des socs de charrue chauffés à rouge et elle fut canonisée en l'an 1200; sa statue sur le pont Regnitz date de l'époque baroque et, souriante, elle domine les visiteurs qui admirent l'idylle de la «petite Venise» derrière elle.

75   Ebrach, ehemalige Zisterzienserkirche

Turmlos die Kirche, im Tal eines Flüßchens liegend, wie es die Ordensregeln vorschrieben, begegnet uns auch das ehemalige Zisterzienserkloster Ebrach an der Mittelebrach. 1127 kamen die ersten Mönche aus Frankreich, aus Morimond, und brachten das Kloster bald zur Blüte. Bei der schönen gotischen Kirche, die in ihrem Inneren manche Veränderungen aus späterer Zeit über sich ergehen lassen mußte, besticht vor allem die riesige Fensterrose über dem Westportal. Sie taucht die Kirche, zumal am Abend, in betörendes Licht. Die Klostergebäude mit einem berühmten barocken Treppenhaus und Festsaal dienen heute als Jugendstrafanstalt.

75   Ebrach, former Cistercian church

Lying in a little river valley we find the former Cistercian monastery of Ebrach on the Mittelebrach, its church towerless as the rules of the order proscribe. In 1127 the first monks came from France, from Morimond, and soon brought the monastery to fruition. In the interior of the lovely Gothic church, much altered in later times, one is impressed by the huge rose window over the west door. In the evening it floods the church with glorious light. The monastery buildings with their famous baroque stairwell and banqueting-hall are today used as a detention centre for juveniles.

75   Ebrach, ancienne église cistercienne

L'église sans clocher, dans la vallée d'une petite rivière, c'est ce que prescrivent les règles de l'ordre et c'est bien ainsi que nous apparaît l'ancien monastère d'Ebrach sur l'Ebrach moyenne. En 1127, les premiers moines arrivèrent de France, de Morimond, et le monastère connut bientôt la prospérité. Dans la belle église gothique, dont l'intérieur a dû, par la suite, subir bien des modifications, le visiteur est séduit avant tout par l'immense rosace qui surmonte le portail ouest. Le soir surtout, elle plonge l'église dans une lumière fascinante. Les bâtiments du monastère, qui possèdent un escalier et une salle des fêtes célèbres, en style baroque, servent aujourd'hui d'établissement pénitentiaire pour délinquants juvéniles.

76 Banz, ehemaliges Benediktinerkloster und Kirche

Die Gegend um die Banzer Berge am Obermain mit den beiden sich über das Tal hin grüßenden Kirchen von Banz und Vierzehnheiligen gehört zu den schönsten Landschaften Frankens. Kunst und Natur steigern sich hier und lassen jeden Besuch zu einem unvergeßlichen Erlebnis werden.

Die 1710 bis 1719 errichtete Benediktinerkirche von Banz gehört zu den glanzvollsten Bauzeugnissen des 18. Jahrhunderts; in ihr gibt der Baumeister Johann Dientzenhofer den Auftakt zu den wunderbar schwingenden Raumschöpfungen, die für den böhmisch beeinflußten fränkischen Barock so typisch sind.

76 Banz, former Benedictine monastery and church

The area around the Banz mountains on the Upper Main, with its two churches of Banz and Vierzehnheiligen on opposite sides of the valley, belongs to the most beautiful scenery in Franconia. Here art and nature vie with one another and turn each visit into an unforgettable experience.

The Benedictine monastery of Banz, built between 1710 and 1719, is among the most splendid examples of building in the C18; in it the master builder Johann Dietzenhofer first created one of the wonderfully soaring rooms so typical of the Bohemian influenced Franconian baroque.

76 Banz, l'ancien monastère de Bénédictins et l'église

La région aux alentours des montagnes de Banz, sur le Main supérieur, avec les deux églises, celle de Banz et celle des Quatorze-Saints, se faisant face au-dessus de la vallée, compte parmi les plus beaux paysages de Franconie. L'art et la nature y rivalisent pour faire de chaque visite une expérience inoubliable.

L'église bénédictine de Banz, édifiée de 1710 à 1719, compte parmi les plus brillants témoignages architecturaux du XVIIIe siècle; avec cette église, l'architecte Johann Dientzenhofer laisse présager ces magnifiques créations où l'admirable maîtrise de l'espace est si caractéristique de ce baroque franconien enrichi de l'influence de la Bohème.

Behind this monastry, it goes down to a valley. Next to that valley (of the river "Main") you find the "Staffelberg", a small hill, where in former times celtic people had had a holy place. And just behind that Staffelberg lies Horsdorf, where our house is standing.

77 Vierzehnheiligen, Wallfahrtskirche zu den Vierzehn Nothelfern

Wie so oft bei Wallfahrtskirchen gab der Ort einer Erscheinung den Baugrund für den Gnadenbau an. Die 14 Nothelfer drängten den Klosterschäfer von Langheim zur Errichtung einer Kapelle. Als im 18. Jahrhundert der Andrang der Pilger zu groß wurde, entschloß man sich zum Bau einer Kirche. Der Bamberger Fürstbischof Friedrich Carl von Schönborn, der sich der hervorragenden Lage und Bedeutung der Wallfahrt offenbar bewußt war, empfahl seinen Baumeister Balthasar Neumann. Der 1744 begonnene Bau antwortet mit seinen Türmen nun der Klosterkirche von Banz auf der anderen Talseite, das Innere bietet ein überwältigend lichtes und bewegtes Raumbild rings um den freistehenden Rokoko-Aufbau des Gnadenaltares.

77 Vierzehnheiligen, pilgrimage church to the fourteen auxiliary saints

As so often in the case of pilgrimage churches it was built on the site of a vision. The fourteen auxiliary saints urged the shepherds of the monastery of Langheim to erect a chapel. When the throngs of pilgrims became too great in the C18, it was decided to build a church. The prince-bishop of Bamberg, Friedrich Carl von Schönborn, who was conscious of the excellent situation and significance of the pilgrimage recommended his master builder, Balthasar Neumann. Begun in 1744, the building with its towers is a counterpart to the monastery of Banz on the other side of the valley; the interior forms an impressively luminous and flowing setting for the free-standing rococo Altar of Atonement.

77 Les Quatorze-Saints, église de pélerinage aux quatorze saints protecteurs

Comme c'est bien souvent le cas pour les églises de pélerinage, c'est le lieu d'une apparition qui fut la raison de la construction. Les quatorze protecteurs pressèrent le berger du monastère de Langheim d'élever une chapelle. Au XVIIIe siècle, lorsque la foule de pélerins se fit trop importante, on décida de construire une église. Le prince-évêque de Bamberg, Friedrich Carl von Schönborn, s'étant manifestement rendu compte de l'admirable situation et de l'importance du pélerinage, proposa son maître d'œuvre Balthasar Neumann. L'édifice, commencé en 1744, dresse maintenant ses tours face à l'église conventuelle de Banz de l'autre côté de la vallée. L'intérieur offre un aménagement de l'espace saisissant par sa luminosité et son mouvement s'ordonnant autour de l'édifice rococo de l'autel de la Grâce en formant le centre.

when you go westward from this church you will reach the ‚Staffelberg' on the same side.

78 Kulmbach, die Plassenburg

78 Kulmbach, the Plassenburg

78 Kulmbach, le Plassenburg

Kulmbach, das einst dem baierischen Geschlecht der Grafen von Andechs gehörte, kam 1340 an die Burggrafen von Nürnberg aus dem Geschlecht der Hohenzollern, die jedoch 1603 ihre Residenz nach Bayreuth verlegten. So blieb die Burg und mit ihr der »Schöne Hof«, das Werk des Steinmetzen Daniel Engelhardt, seit 1563 unverändert erhalten. Erst 1810 wird Kulmbach wieder bayerisch. Heute zieht neben dem steinernen Rankenwerk und den Medaillons des Arkadenhofes besonders das hier untergebrachte Zinnfiguren-Museum mit seinen über 200 000 Figürchen die Besucher von weither an.

Kulmbach, which once belonged to the Bavarian house of the counts of Andechs, came to the burgraves of Nuremberg of the house of Hohenzollern in 1340, who however in 1603 moved their residence to Bayreuth. So the castle and its "Beautiful court", the work of the sculptor Daniel Engelhardt, has remained unchanged since 1563. Only after 1810 did Kulmbach become Bavarian again. Today, in addition to the stone trellis-work and the medaillions of the arcaded courtyard, tourists are attracted by the museum of pewter figures with more than 200 000 pieces which is housed here.

Kulmbach, qui appartenait autrefois à la lignée bavaroise des comtes d'Andechs, revint en 1340 aux burgraves de Nuremberg, branche de la maison Hohenzollern, mais ceux-ci installèrent leur résidence à Bayreuth en 1603. Et c'est ainsi que le château, avec sa «Belle Cour», œuvre du tailleur de pierre Daniel Engelhardt (à partir de 1563), resta intact. Ce n'est qu'en 1810 que Kulmbach redevint bavaroise. Et aujourd'hui les visiteurs affluent de loin attirés non seulement par les rinceaux de pierre et les médaillons de la cour à arcades mais surtout par le musée de figures en étain qu'on a installé là avec ses quelque 200 000 figurines.

79   Coburg, Blick auf die Veste

Schon im frühen Mittelalter stand auf dem »Coberg« eine Burg, an der die Jahrhunderte hindurch ständig verstärkt, erweitert und »verneut« wurde. Selbst Wallenstein belagerte die Veste im Dreißigjährigen Krieg vergebens, Martin Luther fand 1530 hier Zuflucht. Heute beherbergt die Veste reiche Kunstsammlungen, die von so zerbrechlichen Dingen wie Gläsern bis zu Waffen reichen.

In der Stadt ist neben Altdeutschem auch ein britischer Hauch von Weltläufigkeit zu verspüren, der durch die Verwandtschaft der Coburger Fürsten zum englischen Königshaus hinzugekommen ist. Zu Bayern gehört das Coburger Land erst seit 1920.

79   Coburg, view to the fortress

Already in the middle ages a castle stood on the "Coberg", which was constantly strengthened, enlarged and "renewed" over the centuries. Even Wallenstein besieged the fortress in vain during the Thirty Years War; Martin Luther found refuge here in 1530. Today the fortress houses rich art collections which range from such fragile things as glass to weapons.

In the town there is a touch of British atmosphere in addition to the "Old German", which came about through the relationship of the dukes of Coburg to the English royal house. The land of Coburg has belonged to Bavaria only since 1920.

79   Coburg, vue sur la forteresse

Dès le début du Moyen-Age, un burg se dressait sur le «Coberg», et, au cours des siècles, les fortifications furent sans cesse renforcées, agrandies et «remises à neuf». Pendant la guerre de Trente Ans, Wallenstein lui-même fit en vain le siège de la forteresse et c'est ici que Martin Luther trouva refuge en 1530. Aujourd'hui, la forteresse abrite de riches collections d'art qui comprennent des choses fragiles comme des objets de verre jusqu'à des armes.

Dans la ville, on respire un air vieille Allemagne mais aussi un souffle de cosmopolitisme britannique qui s'explique par les liens de parenté entre les princes de Coburg et la famille royale d'Angleterre. Le territoire de Coburg n'appartient à la Bavière que depuis 1920.

80 Schloß Sternberg

Nicht weit von der Grenze zu Thüringen, mit Blick auf die Ausläufer der Haßberge, liegt Schloß Sternberg. Seit 1695 gehörte es dem Hochstift Würzburg. Nicht lange zuvor war der Bau in seiner heutigen Form entstanden, quadratisch um einen Innenhof und mit vorspringenden Ecktürmen. Deren Zwiebelhauben mit den weißgestrichenen Laternen grüßen weithin ins Land und bestimmen, zwischen den verstreut hingeduckten Siedlungen, das Landschaftsbild.

80 Schloß Sternberg

Not far from the Thuringian border lies Schloß Sternberg looking towards the foothills of the Haß mountains. Since 1695 it has belonged to the bishopric of Würzburg. Not long previously the building had received its present form, a quadrangle with projecting corner towers. Their bulbous cupolas with white painted lanterns are visible from far off, dominating the landscape with its scattered half-hidden villages.

80 Le château de Sternberg

Le château de Sternberg est situé non loin de la frontière de la Thuringe et, du château, la vue s'étend sur les contreforts des «Haßberge». Il fut rattaché à l'évêché de Wurzbourg en 1695. La construction, telle que nous la voyons actuellement, en carré autour d'une cour intérieure et avec des tours de coin faisant saillie, n'avait pas été bâtie bien longtemps auparavant. Les bulbes de ses tours, avec les lanternes peintes en blanc, sont visible de très loin et forment le point dominant d'un paysage d'habitat dispersé et blotti dans les reliefs.

81 Ostheim vor der Rhön

81 Ostheim in front of the Rhön

81 Ostheim devant la Rhön

Ostheim, Nordheim, Sond-, d. h. »Süd«-heim liegen hier an der Rhön; dies deutet auf systematische Besiedlung. Ostheim gehörte ständig wechselnden Herrschaften, zuletzt war es thüringische Exklave und kam erst 1945 zu Bayern. Der gut erhaltene Ort mit seinen Befestigungsanlagen, der größten und schönsten Kirchenfestung Deutschlands (ca. 1400–1500), wo man bei Restaurierungsarbeiten ein riesiges Deckengemälde auf Holzgrund freilegte, und seinen zahlreichen Fachwerkhäusern läßt einen Vergleich mit Rothenburg zu: nur daß der reizvolle Ort viel weniger bekannt ist.

Ostheim, Nordheim, Sondheim (east-, north-, south-,) lie here on the Rhön; this points to a systematic settlement. Ostheim belonged to constantly changing rulers, was finally a Thuringian exclave and only in 1945 did it become part of Bavaria. The well-preserved town with its fortifications, the largest and most beautiful fortified church in Germany (ca. 1400–1450) where a huge painting was discovered on the wooden ceiling during restoration work, and the many half-timbered houses permit a comparison with Rothenburg: only that the charming town is much less known.

Ostheim, Nordheim, Sondheim, c'est-à-dire «Süd»-heim, agglomérations au bord de la Rhön dont les noms indiquent une colonisation systématique. Ostheim appartint à de nombreuses seigneuries successives, et pour finir, formait une exclave rattachée à la Thuringe qui ne revint à la Bavière qu'après 1945. La localité est bien conservée avec ses fortifications, la plus grande et la plus belle église fortifiée d'Allemagne (env. 1400–1450) dans laquelle on mit à jour, lors de travaux de restauration, une immense fresque de plafond sur bois, et avec ses nombreuses maisons à colombages qui soutiennent la comparaison avec Rothenburg: la seule différence est que cette charmante localité est beaucoup moins connue.

82 Rhönwiese

82 Rhön meadow

82 La prairie de la Rhön

Im äußersten Nordzipfel Bayerns, hart zwischen den Grenzen zu Hessen und zur DDR liegt die Rhön, einsam, karg, rauh. Die 1939 begonnene, 1958 freigegebene Straße zwischen Fladungen und Bischofsheim erschließt die Hohe Rhön heute. Windzerzauste vulkanische Hochflächen lassen den Eindruck von Schwermut und Melancholie aufkommen; in ihrer Unberührtheit mit weitgehend unangetasteten Naturschutzgebieten dürfte sie aber heute wieder ihre Liebhaber anziehen.

In the furthest northern tip of Bavaria, between the borders of Hessen and the DDR, lies the Rhön, solitary, barren, rugged. The road between Fladungen and Bischofsheim which was begun in 1939 and opened in 1958 makes the Higher Rhön accesible today. The windblown volcanic plateau conjures up an atmosphere of gloom and melancholy, but in its native state with wide untouched nature preserves it again attracts its admirers.

A l'extrémité de la Bavière la plus au nord, coincée entre les frontières de la Hesse et de la R.D.A., c'est là que s'étend la Rhön, solitaire, pauvre et rude. Aujourd'hui, le massif de la Hohe Rhön est accessible par la route reliant Fladungen et Bischofsheim commencée en 1939 et ouverte à la circulation en 1958. De hauts plateaux volcaniques balayés par le vent donnent une impression de tristesse et de mélancolie; mais grâce à sa nature intacte et à ses sites protégés à peine touchés par la main de l'homme, elle devrait, aujourd'hui, se faire bien des amoureux.

83   Aschaffenburg, Schloß und Pompejanum

Der Anblick des mächtigen Ridinger-Schlosses aus dem Anfang des 17. Jahrhunderts und des 1840 bis 1848 von König Ludwig I. nahebei errichteten Pompejanums an der Schleife, die der Main hier bildet, hat schon manches Malerauge entzückt. Selten bietet eine Stadt am Fluß ein so schönes Panorama. Aschaffenburg, das bis 1814 zum Erzstift Mainz gehörte, liegt am äußersten Nordwestzipfel Bayerns. Sozusagen als letztes Aufgebot wird dem Kunstfreund noch einmal Schönstes geboten: die Galerie im Schloß ist nach München die bedeutendste der Bayerischen Staatsgemäldesammlungen, die Stiftskirche St. Peter und Alexander bewahrt u. a. ein Grünewald-Gemälde.

83   Aschaffenburg, Schloß and Pompeianum

The view of the mighty Ridinger-Schloß from the beginning of the C17 and the nearby Pompeianum which King Ludwig I erected from 1840 to 1848 on the bend of the Main has delighted many a painter's eye. Seldom does a riverside town present such a pleasing panorama. Aschaffenburg, which until 1814 belonged to the archbishops of Mainz, lies at the furthermost northwest tip of Bavaria. The most beautiful is once again offered to the art-lover as the last reserve, so to speak: the gallery in the Schloß is the most important of the Bavarian State Art Collections after Munich, and the collegiate church of St Peter and Alexander houses among others a Grünewald painting.

83   Aschaffenburg, le château et le Pompejanum

La vue offerte par le puissant château, construit par les Ridinger au début du XVIIe siècle, et par le Pompejanum (1840–1848) que fit construire le roi Louis Ier tout auprès du château, sur la boucle que le Main dessine à cet endroit, a déjà fait le ravissement des yeux de bien des peintres. Il est rare qu'une ville sise sur un fleuve offre un panorama aussi beau. Aschaffenburg, qui appartint jusqu'en 1814 à l'archevêché de Mayence, est située sur la pointe formant l'extrémité nord-ouest de la Bavière. C'est pour ainsi dire comme un dernier déploiement de toutes les énergies pour réjouir encore une fois l'ami des arts: le château abrite une galerie qui est, après Munich, la plus importante collection de peintures de l'Etat de Bavière, l'église Saint-Pierre et Alexandre possède, entre autres, une toile de Grünewald.

84 Miltenberg, Marktplatz am »Schnatterloch«

Miltenberg muß schon zur Römerzeit ein wichtiger Befestigungspunkt im Verlauf des Limes gewesen sein. Die Stadt ist wahrscheinlich auch erst im Anschluß und im Schatten der Burg entstanden. Die Lage an der Handelsstraße Köln–Frankfurt–Nürnberg brachte jedoch im Spätmittelalter Wohlstand, von dem noch heute die erhaltenen schönen Fachwerkbauten zeugen. Das Gasthaus »Zum Riesen«, die wohl älteste erhaltene Herberge Deutschlands, oder die schönen Giebelhäuser um das Schnatterlochtor auf dem Weg zur Burg sind Beispiele dafür. Im Vordergrund plätschert ein Sandstein-Brunnen von 1583 nach Nürnberger Art und vollendet das altfränkische Bild.

84 Miltenberg, market-place at the "Schnatterloch"

Miltenberg must already have been an important place of fortification on the limes in Roman times. Most probably the town first came into existence adjoining and in the shadow of the castle. Its situation on the trading-route Cologne–Frankfurt–Nuremberg however brought prosperity in the late middle ages which is reflected in the beautiful half-timbered buildings still remaining. The "Gasthaus zum Riesen", the oldest hostelry in existence in Germany, or the beautiful gabled houses around the "Schnatterloch" on the way to the castle are good examples. In the foreground is a sandstone fountain from 1583 in the Nuremberg style which completes the "Old Franconian" picture.

84 Miltenberg, la place du marché près du «Schnatterloch»

Les origines de Miltenberg remontent à l'époque des Romains où c'était vraisemblablement un important point fortifié sur le limes. Et c'est certainement après la forteresse et dans son ombre que la ville s'est constituée. Mais la situation sur la voie commerciale Cologne–Francfort–Nuremberg lui a apporté vers la fin du Moyen-Age une prospérité dont témoignent les belles maisons à colombage conservées jusqu'à aujourd'hui. Ainsi par exemple, l'auberge «Zum Riesen», sans doute la plus ancienne auberge qui soit conservée en Allemagne, ou bien, les belles maisons avec leurs pignons encadrant le portail du «Schnatterloch» que l'on emprunte pour aller au château. Au premier plan, le clapotis d'une fontaine en grès (1583) à la manière de Nuremberg qui vient parfaire le tableau ancienne Franconie.

Der Mainzer Erzbischof schenkte Grund und Hofstätte im 15. Jahrhundert der Familie Echter, deren bedeutendster Sproß, der spätere Würzburger Fürstbischof Julius Echter, 1545 hier geboren wurde. Sein heutiges Aussehen erhielt das Schloß zwischen 1551 und 1569 weitgehend zu dessen Lebzeiten. Seit 1665 ist es im Besitz der Grafen von Ingelheim, die es auch noch heute ihr eigen nennen. Kaum ein anderes Schloß in Deutschland liegt so verträumt, märchenhaft, zu manchen Zeiten geradezu verwunschen wie dieses wildromantische Wasserschloß inmitten des Spessarts, weg von jeder Betriebsamkeit aber auch von jeder Nestwärme und jedem Schutz einer nahegelegenen Siedlung.

In the C15 the archbishop of Mainz gave land and court buildings to the Echter family whose most famous scion, the subsequent prince-bishop of Würzburg, Julius Echter, was born here in 1545. It received its present appearance between 1551 and 1569, mainly during his lifetime. Since 1665 it has been in the possession of the counts of Ingelheim who still own it. There is hardly another castle in Germany which lies in such a dreamy, fairytale setting, at times almost enchanted, as this wild romantic moated castle in the midst of the Spessart, far from any bustling activity, but also far from the warmth and shelter of any nearby settlement.

Au XVᵉ siècle, l'archevêque de Mayence fit don du terrain et des bâtiments à la famille Echter dont le descendant le plus important, le futur prince-évêque de Wurzbourg, Julius Echter, naquit ici en 1545. Le château fut doté de son apparence actuelle (entre 1551 et 1569) en grande partie du vivant de ce dernier. Il figure au patrimoine des comtes d'Ingelheim depuis 1665 et ils s'enorgueillissent de sa propriété aujourd'hui encore. Il n'y a guère d'autre château en Allemagne dont la situation soit aussi irréelle, féerique; en certaines saisons même, il apparaît comme enchanté, ce château romantique entouré d'eau au cœur du Spessart, loin de toute agitation, mais aussi de toute chaleur humaine et de tout secours que pourrait apporter le voisinage d'une agglomération quelconque.

Seit dem Film »Das Wirtshaus im Spessart« wissen nicht nur hier Ansässige, daß der Spessart eine der romantischsten Landschaften Deutschlands ist. Die Mühle im Bild scheint einem Märchenbuch entstiegen, man meint das Klappern und Rauschen im kühlen Wiesengrund zu hören und denkt an die wehmütigen Lieder von Schuberts »Schöner Müllerin«.

Trotz aller Romantik und Weltabgeschiedenheit, die wir Heutigen so schätzen, war sie früheren Generationen aber sicher nur Zeichen für die Ärmlichkeit und Kleinheit der Verhältnisse.

Since the film "Das Wirtshaus im Spessart" it is not only the locals who know that the Spessart is one of the most romantic landscapes in Germany. The mill in the picture seems to come out of a story-book, one seems to hear the clacking and rushing in the cool meadow, and thinks of the wistful songs of Schubert's "Schöne Müllerin".

In spite of all the romanticism and solitude which we cherish today, for previous generations it was surely only a sign of the poverty and smallness of the situation.

Depuis la réalisation du film «L'auberge dans le Spessart», les habitants de l'endroit ne sont plus les seuls à savoir que le Spessart est l'une des régions les plus romantiques d'Allemagne. Le moulin de la photo semble sorti d'un conte de fée; on croit entendre le claquement et le bruissement de la roue au fond du vallon herbeux et on pense au cycle de lieder mélancoliques de Schubert «La belle Meunière».

Mais en dépit de tout le romantisme et de toute la solitude que nous apprécions tant à notre époque, les générations passées n'y voyaient certainement que le signe de la pauvreté et de l'étroitesse des conditions de vie.

87 Veitshöchheim, im Schloßpark

87 Veitshöchheim, in the Schloßpark

87 Veitshöchheim, dans le parc du château

Nur wenige Kilometer von Würzburg mitten in einem kleinen fränkischen Ort gelegen und zur Dorfstraße durch eine unscheinbare Mauer getrennt, befindet sich ein Kleinod des Rokoko. Das bescheidene – und von Uneingeweihten wohl oft übersehene – »Fasanentor« öffnet sich zu dem zauberhaften und intimen Erlebnis dieses Rokoko-Gartens in französischem Stil mit Hecken, Bosketten, Nischen, Rondellen und Pavillons. Er gewinnt zauberisches Leben durch die Sphingen mit Perücke und Dekolleté, durch die Schäfer und Schäferinnen, die Götter und Halbgötter, die der böhmische Bildhauer Ferdinand Tietz aus fränkischem Sandstein hier hineingestellt hat.

Only a few kilometres from Würzburg in the middle of a small Franconian village, divided from the village street by an insignificant wall, stands a jewel of the rococo period. The modest – and often ignored – "Fasanentor" opens into the enchanting and intimate experience of this rococo garden in the French style with hedges, ornamental shrubberies, niches, flower beds and pavillions. It acquires magical life through the sphinxes with their wigs and decolletage, the shepherds and shepherdesses, gods and demigods, all made of Franconian sandstone, which the Bohemian sculptor Ferdinand Tietz placed here.

A seulement quelques kilomètres de Wurzbourg, au cœur d'une petite agglomération franconienne et séparé de la rue du village par une simple muraille, on trouve un véritable joyau du rococo. Le modeste portail – que les non-initiés ne remarquent certainement pas – le «Fasanentor» s'ouvre sur la merveilleuse aventure qu'est la découverte de ce charmant petit parc rococo de style français avec ses haies, ses bosquets, ses niches, ses parterres et ses pavillons. Il est animé d'une vie féerique par les sphinx en perruque et décolleté, par les bergers et bergères, les dieux et demi-dieux en grès de Franconie dont l'a peuplé le sculpteur bohémien Ferdinand Tietz.

88 Würzburg, Marienkapelle und Haus »Zum Falken«

Am Markt von Würzburg befinden wir uns in der Bürgerstadt, wo den Prachtbauten der Fürstbischöfe bescheidenere Zeugnisse einer ebenso hochstehenden Kultur entgegentreten. Die Bürger der Stadt, die in unruhevollen Zeiten immer wieder versucht hatten, die Herrschaft der Bischöfe abzuschütteln, haben im 14./15. Jahrhundert den Bau der Marienkapelle errichtet und es sich nicht nehmen lassen, ihn kostbar auszustatten. Hier standen die Statuen von Adam und Eva und die Apostel des Tilman Riemenschneider, der einer der begnadetsten Bildhauer und zugleich einer der Ihren war: als Bürgermeister und aufrührerischer Stadtrat wurde er 1525 gefangengesetzt. Neben dem spätgotischen Juwel steht das prächtige Bürgerhaus »Zum Falken«, das 1752 Ausdruck barocken Bauwillens wurde.

88 Würzburg, Marienkapelle and house "Zum Falken"

On the market-place of Würzburg we are in the midst of the burgher town where the magnificent buildings of the prince-bishops confront more modest examples of a just as high-standing culture. The citizens of the town, who in troubled times continually tried to shake off the rule of the bishops, built the chapel of the Virgin in the C14/15 and insisted on furnishing it in a costly manner. Here stood the statues of Adam and Eve and the Apostles by Tilman Riemenschneider who was one of the most gifted sculptors and at the same time one of their own: as mayor and rebellious town councillor he was imprisoned in 1525. Next to this late-Gothic jewel is the splendid burgher house "Zum Falken" which is an example of the baroque style of 1752.

88 Wurzbourg, la chapelle de la Vierge et la maison «Zum Falken»

Sur le marché de Wurzbourg, nous nous trouvons dans la ville des bourgeois qui oppose aux édifices somptueux des princes-évêques des témoignages plus modestes d'une culture tout aussi élevée. Les bourgeois de la ville, qui ont toujours profité des périodes de troubles pour essayer de mettre fin à la domination des évêques, ont édifié aux XIVe et XVe siècles la chapelle de la Vierge et ont mis leur point d'honneur à lui donner une décoration somptueuse. En ce lieu se dressaient les statues d'Adam et Eve et les apôtres de Tilman Riemenschneider qui était à la fois l'un des leurs et l'un des sculpteurs les plus doués: en tant que bourgmestre et conseiller fauteur de troubles, il fut mis en prison en 1525. Près de ce joyau du gothique flamboyant se dresse la somptueuse maison bourgeoise «Zum Falken» dont la construction, en 1752, revêtit la valeur d'une véritable profession de foi baroque.

89 Mainschleife bei der Vogelsburg

Außer den großen Viereck- und Dreieckbögen zwischen Aschaffenburg und Lohr bzw. Gemünden, Ochsenfurt und Schweinfurt zieht der Main noch so manche kleine Schleife. So hier bei Escherndorf, wo er beinahe wieder auf seinen Anlauf zurückdrängt und nur eine schmale Landzunge umkurvt. Hoch oben liegt die Vogelsburg, von der aus man einen herrlichen Blick hat, am Bogen der Schleife Volkach und darüber das Kirchlein »Maria im Weinberg« mit der Madonna im Rosenkranz von Tilman Riemenschneider.

89 Bend of the Main near the Vogelsburg

Apart from the big right-angled and triangular bends between Aschaffenburg and Lohr and Gemünden, Ochsenfurt and Schweinfurt respectively, the Main makes quite a few little loops such as here near Escherndorf, where it nearly doubles back on its course, and curves around a narrow spit of land. High above lies the Vogelsburg from which one has a magnificent view to the arch of the bend, with Volkach and the little church "Maria im Weinberg" which contains the Madonna in a garland of roses by Tilman Riemenschneider.

89 La boucle du Main près du Vogelsburg

Outre les larges boucles qu'il dessine entre Aschaffenburg et Lohr (Mainviereck) et Gemünden, Ochsenfurt et Schweinfurt (Maindreieck), le Main forme encore quelques autres méandres plus petits. Ainsi par exemple près d'Escherndorf où il revient presque dans son lit en amont et baigne une étroite langue de terre. Tout en haut se dresse le Vogelsburg d'où l'on a une vue magnifique, avec Volkach sur l'arrondi de la boucle et avec, plus haut, la petite église «Marie des Vignobles» qui abrite la Madone au Rosaire de Tilman Riemenschneider.

90 Volkach, Wallfahrtskirche »Maria im Weinberg«

90 Volkach, pilgrimage church "Maria im Weinberg"

Volkach, l'église de pélerinage «Marie des Vignobles»

Ein Kreuzweg mit seinen Stationen führt von dem Städtchen Volkach auf die Höhe im Norden, wo sich die kleine, aus einer Klause entstandene Wallfahrtskirche vom Horizont abhebt. Weinberge, Wiesen und Obstbäume säumen den Weg und umrahmen das Kirchlein, das Schrein ist für eines der köstlichsten spätgotischen Schnitzwerke, die auf uns gekommen sind: die Madonna im Rosenkranz von Tilman Riemenschneider (um 1521–24). Von Kunsträubern 1962 entführt, glücklich wiedergefunden und restauriert, hat es seinen ursprünglichen Platz eingenommen als einer der Höhepunkte fränkischer Kunst.

A path with the Stations of the Cross leads north from the small town of Volkach to the hills where the little pilgrimage church, founded on a hermitage, stands on the horizon. Vineyards, meadows and fruit-trees border the path and frame the church which is the shrine of one of the most precious late-Gothic carvings that have been left to us: the Madonna in a garland of roses by Tilman Riemenschneider (ca. 1521–24). Stolen by art thieves in 1962, it was fortunately recovered, and has assumed its original place as one of the pinnacles of Franconian art.

Un chemin de croix part de la petite ville de Volkach et conduit, de station en station, vers la hauteur qui se trouve au nord et où se détache à l'horizon la petite église de pélerinage construite à partir d'un ancien ermitage. Des vignobles, des prés et des vergers bordent le chemin et encadrent la petite église. Elle est la châsse qui abrite l'une des sculptures sur bois en gothique flamboyant les plus précieuses qui nous soient parvenues: la Madone au Rosaire de Tilman Riemenschneider (vers 1521–1524). Enlevée par des pilleurs d'objets d'art en 1962, elle a heureusement été retrouvée et restaurée avant de reprendre sa place originale où on peut admirer cette œuvre d'art, l'une des plus belles expressions de l'art franconien.

Einer der beliebtesten Weinorte vor den Toren Würzburgs ist Randersacker, Ziel vieler Generationen von trinkfreudigen Studenten und Weinliebhabern. Die Lagen rund um den Ort haben alle wohlklingende und -bekannte Namen. Die meisten gehörten dem Domkapitel von Würzburg, das ein gutes »geistiges« Gespür hatte. Auch das Würzburger Baugenie Balthasar Neumann kam durch seine Frau zu Besitz in Randersacker. Noch heute steht der von ihm gebaute Gartenpavillon neben dem Gasthof »Krone«, hart vom Autoverkehr bedrängt.

One of the most beloved wine villages outside the gates of Würzburg is Randersacker, destination of many generations of carousing students and wine-lovers. The vineyards around the village all have pleasant-sounding and well-known names. Most of them belong to the chapter of Würzburg which had a good "spiritual nose"! The architectural genius of Würzburg, Balthasar Neumann, also owned property in Randersacker through his wife. Today the garden pavillion which he built still stands next to the "Gasthof Krone", hard pressed by traffic.

Randersacker est l'une des localités viticoles les plus populaires des environs de Wurzbourg; elle attire de nombreuses générations d'étudiants «assoiffés» et d'amateurs de vin. Les crus tout autour de la localité ont tous des noms sonnant agréablement et bien connus. La plupart d'entre eux appartiennent au chapitre de la cathédrale de Wurzbourg qui a su donner la preuve de son «érudition» en matière de vins. Le génie bâtisseur de Wurzbourg, Balthasar Neumann, fut également propriétaire à Randersacker, par l'intermédiaire de son épouse. Le petit pavillon de jardin qu'il construisit existe encore, près de l'auberge «Krone», serré de près par la circulation automobile.

92 Ochsenfurt, Rathaus

92 Ochsenfurt, Town Hall

92 Ochsenfurt, l'Hôtel de Ville

Am südlichen Zipfel des Maindreiecks gelegen, ist Ochsenfurt ähnlich wie Schweinfurt im Norden auf einem ziemlich regelmäßigen viereckigen Grundplan gebaut, geteilt von einer am Rathaus sich gabelnden Ost-West-Achse. Das ochsenblutrot gestrichene Rathaus mit zwei Flügeln gehört zu den schönsten in Franken. Der westliche Hauptbau entstand Ende des 15. Jahrhunderts, das Uhrtürmchen bzw. sein Spielwerk kam um 1560 hinzu. Butzenscheiben, die Maßwerkbalustrade und die Madonna von 1498 unter ihrem Baldachin an der Ecke des Gebäudes runden das Bild ab.

Lying at the southern tip of the Main triangle, Ochsenfurt, like Schweinfurt to the north, is built to a fairly regular quadratic plan, divided by an east-west axis. Painted blood-red, the Town Hall with its two wings is among the most beautiful in Franconia. The main west building was erected at the end of the C15 and the little clock tower and its chimes were added in 1560. The picture is completed by the bull's eye panes, the tracery balustrade and the Madonna of 1498 under its baldachin at the corner of the building.

Situé à la pointe sud du «Maindreieck» Ochsenfurt, tout comme Schweinfurt au nord, est bâtie sur un plan en carré assez régulier traversé par un axe est-ouest bifurquant au niveau de l'Hôtel de Ville qui, peint en rouge sang de bœuf et pourvu de deux ailes, compte parmi les plus beaux édifices de ce genre en Franconie. Le corps de bâtiment ouest fut édifié à la fin du XVe siècle, le clocheton de l'horloge et son mécanisme furent ajoutés vers 1560. Des vitres en cul-de-bouteille, la balustrade à réseaux et la Madone de 1498, sous son dais, au coin de l'édifice, enrichissent son apparence.

93   Schweinfurt, Marktplatz und Rückert-Denkmal

93   Schweinfurt, market place and Rückert memorial

93   Schweinfurt, place du marché et statue de Friedrich Rückert

Bedeutung erlangte die Stadt Schweinfurt zunächst durch ihre günstige Lage am Main, wo eine Furt den Übergang über den Fluß erleichterte. Auf ziemlich regelmäßigem Grundriß errichtet, entstand am Kreuzungspunkt der Hauptachsen der weite Marktplatz, an den die wichtigsten Gebäude der Gemeinde – Rathaus und Pfarrkirche – angrenzen. Auch das Denkmal für den berühmtesten Sohn der Stadt, den 1788 hier geborenen Dichter Friedrich Rückert, hat hier seinen Platz gefunden.

In dem heute hauptsächlich von seiner metallverarbeitenden Industrie lebenden Ort spielt sich am Markt noch immer der beschauliche Handel zwischen Hausfrauen und Bauern ab wie seit eh und je.

The town of Schweinfurt became important first of all on account of its advantageous position on the Main where a ford (Furt) made the crossing of the river easier. Built to a fairly regular plan, the intersection of the main axes became the site of the broad market-place and adjacent are the most important buildings of the community – Town Hall and parish church. Also the memorial to the most famous son of the town, the poet Friedrich Rückert who was born here in 1788, has found a place there.

In the town, which now mainly lives from its metal-working industry, the market-place is still the scene of unhurried trade between housewifes and farmers as in days gone by.

La ville Schweinfurt doit son importance tout d'abord à sa situation privilégiée sur le Main, là où un gué facilitait le passage du fleuve. Bâtie selon un plan assez régulier, la vaste place du marché est apparue au point de croisement des grands axes et elle est bordée des principaux édifices de la commune – hôtel de ville et église paroissiale. Et le monument élevé à la mémoire du plus célèbre habitant de la ville, le poète Friedrich Rückert qui y est né en 1788, y a également trouvé place.

Dans cette localité, vivant aujourd'hui surtout des industries de transformation des métaux, la place du marché offre toujours le spectacle immuable des ménagères marchandant avec les paysans.

Rothenburg, die Verkörperung eines mittelalterlichen Städtchens schlechthin, wo sich heute die Touristen drängen, um sich aus unserer betriebsamen Zeit Jahrhunderte zurückversetzt zu fühlen, bietet auch außerhalb seines Befestigungsringes aus dem 13. bis 15. Jahrhundert reizvolle Aus- und Einblicke. Hier am Kobolzeller Tor bietet sich eine herrliche Sicht auf das Taubertal. In einer knappen halben Stunde kann man zu dem Topplerschlößchen spazieren, dem turmartigen Bau des berühmtesten Rothenburger Bürgermeisters mit dem hohen Giebeldach von 1388. Fernab vom Getriebe der Gassen und Plätze steht man hier vor einer Vedute, die einem Dürerschen Aquarell entstiegen zu sein scheint.

In Rothenburg, the ideal incorporation of a little mediaeval town, where today the tourists throng in order to step out of our busy times into the atmosphere of past centuries, there is not only a fortification ring from the C13–15 but also charming views both outside and inside the town. Here at the Kobolzeller gate there is a delightful outlook over the Tauber valley. In less than half an hour one can walk to the little Topplerschloß, the tower-like building of the most famous Mayor of Rothenburg with its high gabled roof from 1388. Far from the bustle of lanes and squares one stands in front of a veduta which would seem to have come out of a Dürer water-colour.

Rothenburg, l'exemple même de la petite ville médiévale où les touristes d'aujourd'hui se pressent pour se donner l'impression d'être transportés quelques siècles en arrière, loin de notre époque agitée, a bien plus à offrir que son enceinte de fortifications datant du XIIIᵉ au XVᵉ siècle, à savoir de charmantes vues et perspectives. Ici, par exemple, du Kobolzeller Tor, on a une vue magnifique sur la vallée de la Tauber. A une demi-heure de marche à peine, on trouve le manoir Toppler, construction en forme de tour édifiée par le plus célèbre de tous les bourgmestres de Rothenburg, avec son haut toit à pignon datant de 1388. Loin de l'agitation des ruelles et des places, on se trouve devant un paysage qui semble être une copie d'une aquarelle de Dürer.

95 Ansbach, Markt in der Altstadt

95 Ansbach, market in the Old Town

95 Ansbach, le marché dans la vieille ville

Vor den durchbrochenen Türmen der St. Gumbertuskirche im Hintergrund und den altfränkischen Häusern der Altstadt spielt sich lebhaftes Markttreiben ab. Das fürstliche Ansbach liegt sozusagen im Rücken des Betrachters: die Residenz der Hohenzollern-Markgrafen von Ansbach, die seit Georg dem Frommen die Reformation einführten.

Das Schloß selbst läßt in seiner Gestalt aus dem 18. Jahrhundert trotz der verwandtschaftlichen preußischen Beziehungen der Erbauer Anklänge an das kaiserliche Wien erkennen. Berühmt ist Ansbach außerdem für seine seit 1709 hergestellten Fayencen und für die internationale Bachwoche; der rätselhafte Findling Kaspar Hauser wurde 1833 hier erstochen.

In front of the openwork towers of St Gumbertus church in the background and the Old Franconian houses of the town centre, the lively market activity takes place. The ducal Ansbach lies behind the viewer so to speak: the residence of the Hohenzollern margraves of Ansbach, who introduced the Reformation after Georg the Pious.

In the Schloß itself one can recognize echoes of Imperial Vienna in the style of the C18 in spite of the family connections with Prussia. Ansbach is famous for its fayence, made here since 1709 and for its international Bach Week; the enigmatic Kaspar Hauser was stabbed here in 1833.

Devant les tours ajourées de l'église Saint-Gumbertus à l'arrière-plan et les maisons vieille Franconie de la vieille ville, le marché déploie son animation et son agitation. La ville des princes se trouve pour ainsi dire dans le dos de l'observateur: la résidence des margraves d'Ansbach, branche de la famille Hohenzollern, qui ont introduit la Réforme avec Georges le Pieux.

Le château lui-même, qui a été doté de son aspect actuel au XVIIIe siècle, éveille des réminiscences évoquant la Vienne impériale et ceci, en dépit des liens de parenté de ses fondateurs avec des familles prussiennes. Ansbach est également célèbre pour les faïences qu'elle produit depuis 1709 et pour sa Semaine Internationale de Bach; c'est là que Kaspar Hauser, le mystérieux enfant trouvé, fut poignardé en 1833.

Der Ort, der für Freunde fränkischer Stadtbefestigungen anziehend ist, hat um eben diese ziemlich kämpfen müssen. Auf Befehl Rudolfs von Habsburg mußte er schon einmal im 13. Jahrhundert seine Mauern schleifen, bis er zwischen 1470 und 1490 noch einmal stark bewehrt werden konnte. Nicht weit von Ornbau, das heute wie ein blitzsauberes Schmuckstück hinter der Brücke über die Altmühl liegt, wurde der Minnesänger Wolfram von Eschenbach geboren.

This place has an attraction for people who are interested in Franconian town fortifications, since it had to fight for these very things. By order of Rudolf von Habsburg it had to raze its walls in the C13 before it could once again be strongly fortified between 1470 and 1490. Not far from Ornbau, which today lies like a polished jewel behind the bridge over the Altmühl, the minnesanger Wolfram von Eschenbach was born.

La localité qui est un pôle d'attraction pour les amateurs de fortifications de villes franconiennes, a dû se battre pour conserver les siennes. Au XIIIe siècle, elle avait été obligée de raser ses murailles sur l'ordre de Rudolf von Habsburg et il lui fallut attendre la période de 1470 à 1490 pour pouvoir s'entourer d'une nouvelle enceinte fortifiée. Non loin d'Ornbau, qui apparaît aujourd'hui comme un joyau resplendissant de propreté de l'autre côté du pont de l'Altmühl, naquit le troubadour Wolfram von Eschenbach.

97 Weißenburg, Stadtbefestigung

Wenn man von Eichstätt nach Nürnberg fährt, sieht man schon von der Umgehungsstraße aus den Stolz der Stadt: das Ellinger Tor, das uns zu einem Besuch einlädt. Weißenburg gelang es im 14. Jahrhundert, den Stand einer reichsfreien Stadt zu erlangen, den es bis 1806, als es an Bayern fiel, behielt. Stolz umgab es sich mit einer noch unbeschadet erhaltenen Stadtmauer samt Graben.

Schon die Römer hatten hier am Limes ein großes steinernes Kastell errichtet; das Wissen darum mag möglicherweise im Namen der Stadt noch heute seinen Nachklang finden.

97 Weißenburg, town fortifications

Travelling from Eichstätt to Nuremberg one already sees the pride of the town from the by-pass road: the Ellinger gate through which one enters the town. In the C14 Weißenburg managed to gain the status of an imperial city which it kept until it fell to Bavaria in 1806. It was proudly surrounded by town walls and ditch which are still intact.

The Romans had already built a great stone castellum here on the limes; it is possible that the present name reflects its previous function.

97 Weißenburg, les fortifications de la ville

Lorsqu'on va de Eichstätt à Nuremberg, la ville se dresse avec une fierté que l'on ressent déjà de la route qui la contourne: le Ellinger Tor qui nous invite à entrer pour une visite. Au XIVe siècle, Weißenburg réussit à obtenir le statut de ville libre d'Empire, statut qu'elle conserva jusqu'en 1806 où elle fut rattachée à la Bavière. Orgueilleuse, elle s'entoura de fossés et d'une enceinte encore intacte.

Sur le limes, les Romains avaient déjà érigé un grand castel de pierre; la connaissance de ce fait peut expliquer qu'on en trouve une réminiscence dans le nom actuel de la ville.

Dinkelsbühl, das schon im 13. Jahrhundert zu den Reichsstädten zählte, lag an der Pilgerstraße, die vom Norden, von Dänemark, über Würzburg, Rothenburg nach Donauwörth, Augsburg und den Fernpaß nach Rom führte; das gab ihr Bedeutung, brachte im Dreißigjährigen Krieg aber auch Gefahren. Die Schweden konnten der Überlieferung nach nur durch die Bitten der Dinkelsbühler Kinder von Brandschatzung und Plünderung abgehalten werden. Das Fest, das zum Gedenken daran im Juli jedes Jahres stattfindet, nimmt auch die Tradition eines schon im 16. Jahrhundert üblichen Festes auf, bei dem die Lateinschüler von der Stadt bewirtet wurden: daher der sonst unverständliche Name Kinderzeche.

Dinkelsbühl, which was already an imperial town in the C13, lay on the pilgrims' route leading from the north, from Denmark by way of Würzburg, Rothenburg to Donauwörth, Augsburg and the Fern pass to Rome; this gave the town importance but also brought danger during the Thirty Years War. According to tradition the Swedes were only prevented from plundering and setting fire to Dinkelsbühl by the pleading of its children. The festival of commemoration which takes place each year in July re-establishes the tradition of a festival which was customary in the C16, when the Latin scholars of the town were feasted; hence the otherwise unintelligible name "Children's Banquet".

Dinkelsbühl, qui dès le XIIIᵉ siècle, comptait au nombre des villes impériales, était située sur la route de pélerinage qui venait du nord, du Danemark, passait par Wurzbourg, Rothenburg, puis conduisait à Rome par Donauwörth, Augsbourg et le Fernpaß; cela lui donna de l'importance mais lui valut aussi d'être exposée à des dangers pendant la guerre de Trente Ans. Selon la chronique, seules les supplications des enfants de Dinkelsbühl réussirent à convaincre les Suédois de ne pas se livrer au rançonnement et au pillage. La fête, qui a lieu chaque année, au mois de juillet, en commémoration de ce fait, est elle-même la remise à l'honneur d'une fête traditionnelle au XVIᵉ siècle où les collégiens étaient régalés aux frais de la ville: de là l'expression peu compréhensible en soi «L'écot des enfants».

Wer kennt nicht »seine Pappenheimer«, aber wer kennt schon Pappenheim? Mit Reichsmarschall Heinrich hatten die Pappenheimer zur Zeit Kaiser Friedrich Barbarossas ihren mächtigsten Vertreter, aber das Amt wurde erblich, und noch im Dreißigjährigen Krieg spielte das Geschlecht – wie man durch Schiller weiß – seine Rolle. Unterhalb ihrer Burg in einer Altmühlschleife entwickelte sich die unvergleichlich gelegene Stadt. An einer der zwei Achsen der regelmäßigen Siedlung liegt das Alte Schloß mit zwei Flügeln aus dem 16. Jahrhundert, dahinter die Pfarrkirche mit ihrer Einturm-Fassade.

All Germans "know their Pappenheimer" (a popular quotation from Schiller's Wallenstein), but who knows Pappenheim? In Reichsmarschall Heinrich the people of Pappenheim had their most powerful representative at the time of Emperor Friedrich Barbarossa, but the post became hereditary, and in the Thirty Years War the line still played its part – as one knows through Schiller. Below its castle the incomparably situated town unfolds itself in a bend of the Altmühl. On one of the two axes of the regularly planned settlement lies the Old Schloß with two wings from the C16, behind it the parish church with its single tower façade.

Qui ne connaît les Pappenheimer, mais qui donc connaît Pappenheim? C'est à l'époque de l'empereur Frédéric Barberousse que les Pappenheimer eurent leur représentant le plus puissant, le maréchal de l'Empire Henri, puis la fonction devint héréditaire et la lignée jouait encore un rôle – comme on le sait par Schiller – pendant la guerre de Trente Ans. Au-dessous de leur château, dans une bouche de l'Altmühl, la ville a trouvé une situation incomparable et s'y est développée. Sur l'un des deux axes de l'agglomération au plan régulier se trouvent le Vieux Château avec deux ailes datant du XVIe siècle et, derrière lui, l'église paroissiale avec sa façade surmontée d'une tour.

Das Altmühltal ist eines der reizvollsten Wandergebiete, das sich denken läßt: der stille, sich durch die Wiesen mäandernde Fluß, Schleifen und Schlingen bildend mit immer neuen Ausblicken, begleitet von den bizarren Felsgebilden, die das Wasser aus der vorzeitlichen Jurakalkplatte herausgewaschen hat und die durch ständige Verwitterung eher noch bizarrer geworden sind. Bei Geologen und Petrefaktenliebhabern weltweit bekannt ist das Altmühltal durch seine Abdrücke vorgeschichtlicher Flora und Fauna im Solnhofener Gestein.

The valley of the Altmühl is one of the most enchanting hiking areas imaginable: the quiet river meanders through the meadows, its curves and bends forming constantly new aspects, accompanied by bizarre rock formations which were washed out of the prehistoric Jura plateau and have become even more bizarre through weathering. The Altmühl valley is known by geologists and fossil-lovers all over the world through its imprints of prehistoric flora and fauna in the Solnhofen rock.

La vallée de l'Altmühl est la plus charmante région de randonnées que l'on puisse imaginer: la rivière tranquille serpente à travers les prairies, formant boucles et méandres et offrant un spectacle toujours nouveau, bordée de rochers aux formes bizarres que l'eau a dégagés de la couche de calcaire jurassique et que l'exposition constante aux intempéries a continué de torturer. La vallée de l'Altmühl est bien connue des géologues et des amateurs de fossiles du monde entier pour ses empreintes de la flore et de la faune préhistoriques sur les roches de Solnhofen.

101 Nördlingen, alte Stadtmauer

Der vollständig und ungewöhnlich gut erhaltene Mauergürtel Nördlingens mit 16 Türmen – fünf davon sind Tore (eines im Bild) – stammt aus dem frühen 14. Jahrhundert und umschließt schützend den eirunden mittelalterlichen Stadtkern.

Das auf dem Platz einer Römersiedlung im Ries (nach der alten römischen Provinzbezeichnung »Raetia«) entstandene Nördlingen war bis 898 königliches Hofgut, wurde dann dem Bischof von Regensburg verstiftet, ehe es 1215 durch Kaiser Friedrich II. zum Reich zurückkam und zur Freien Reichsstadt aufstieg, gefestigt durch Privilegien aus der Hand Ludwigs des Bayern und Karls IV. An Bayern fiel die Reichsstadt 1803 bei der Neuordnung Mitteleuropas durch Napoleon.

101 Nördlingen, old town wall

The complete and unusually well-preserved wall around Nördlingen with 16 towers – five of them are gates (one in the picture) – dates from the early C14 and forms a protective circle around the oval centre of the mediaeval town.

Nördlingen which developed on the site of a Roman settlement in Ries (after the old Roman province name "Raetia") was a royal possession until 898, was then donated to the bishop of Regensburg before it came back to the empire in 1215 through Emperor Friedrich II, and rose to be an imperial town, fortified through privileges from the hands of Emperor Ludwig the Bavarian and Karl IV. The free town fell to Bavaria in 1803 through the reorganization of mid-Europe under Napoleon.

101 Nördlingen, ancienne enceinte de la ville

La ceinture de murailles de Nördlingen, complète avec ses seize tours – cinq d'entre elles sont des portes (la photo en montre une) – et extraordinairement bien conservée, date du début du XIVe siècle et forme une enceinte protectrice autour de l'oval du noyau médiéval de la ville.

Nördlingen est apparue sur l'emplacement d'une agglomération romaine, dans le Ries (qui doit son nom à la «Raetia», ancienne province romaine); elle fit partie du domaine royal jusqu'en 898, puis fut transférée à l'évêque de Ratisbonne avant d'être réintégrée à l'Empire en 1215 par l'empereur Frédéric II, reçut le statut de ville libre d'Empire, statut qu'affirmèrent des privilèges accordés par Louis le Bavarois et Charles IV. Cette ville impériale ne fut rattachée à la Bavière qu'en 1803 lors de la réorganisation de l'Europe centrale par Napoléon.

Donauwörth hat als ehemalige Freie Reichsstadt im schwäbisch–bayerischen Grenzbereich eine bewegte Vergangenheit. Schon 1030 erstmals urkundlich erwähnt, wurde die Stadt 1191 staufisch, fiel 1268 an Herzog Ludwig II. von Oberbayern, um aber 1301 mit Waffengewalt für das Reich wieder eingezogen zu werden. 1307 zählte ein königliches Landfriedensgebot das damalige Schwäbisch Wörth unter die schwäbischen Reichsstädte. Endgültig zu Bayern kam Donauwörth erst 1749 und wurde 1783 zur bayerischen Landstadt ernannt.

Der Blick auf unserem Bild geht von der Wörnitz über Reste der alten Stadtmauer hinauf zur stattlichen spätgotischen Stadtpfarrkirche, die zwischen 1444 und 1467 erbaut worden ist. 1945 wurde übrigens das mittelalterliche Stadtbild von Donauwörth zu zwei Dritteln durch Luftangriffe zerstört, später jedoch stilgerecht wieder aufgebaut.

As former imperial town in the region of the Swabian-Bavarian border, Donauwörth had a turbulent past. It was mentioned in documents as early as 1030, came under the Staufers in 1191, fell to Duke Ludwig II of Upper Bavaria in 1268 but was taken into the empire again in 1301. In 1307 a decree governing the peace of the land counted Swabian Wörth, as it was then, as belonging to the Swabian imperial towns. Donauwörth finally came to Bavaria in 1749 and was created a Bavarian regional capital in 1783.

The view in our picture looks from the Wörnitz across the remains of the old town wall up to the imposing late-Gothic parish church which was built between 1444 and 1467. Incidentally the mediaeval town of Donauwörth was two thirds destroyed by air attacks in 1945 but was later rebuilt in the appropriate style.

Donauwörth, ancienne ville libre d'Empire à la frontière entre la Souabe et la Bavière, a un passé mouvementé. Son nom apparaît dans des documents pour la première fois en 1030, la ville revint aux Staufer en 1191, puis au duc Louis II de Haute-Bavière en 1268 pour être réintégrée à l'empire par la force des armes en 1301. En 1307, un décret de paix royal faisait figurer la ville, qui s'appelait alors Schwäbisch Wörth, au nombre des villes impériales souabes. Donauwörth revint définitivement à la Bavière seulement en 1749 et, en 1783, elle fut déclarée «ville du land» de Bavière.

La vue que montre notre photo englobe la Wörnitz, les vestiges de l'ancienne enceinte de la ville et l'imposante église paroissiale de la ville en style gothique finissant qui fut construite de 1444 à 1467. Par ailleurs, la ville médiévale de Donauwörth a été aux deux tiers détruite par les attaques aériennes en 1945, mais, par la suite, elle a été reconstruite avec une grande authenticité de style.

103 Augsburg, der Dom St. Ulrich und Afra und der Herkulesbrunnen

Die schwäbisch-bayerische Metropole, Sitz des bayerischen Regierungsbezirks Schwaben, ebenso bedeutsam als kulturelles Zentrum wie als Industriestadt, ist wohl ursprünglich eine keltische Siedlung gewesen, ehe die Römer um 15 v. Chr. hier ein römisches Legionslager einrichteten. Aus diesem entwickelte sich dann die nach dem römischen Kaiser Augustus benannte Siedlung »Augusta Vindelicorum«, die unter Kaiser Hadrian zu einem »municipium« (das sich selbst verwaltete) erhoben wurde.

Im Bildhintergrund das Benediktinerstift St. Ulrich und Afra, im Jahre 1012 erbaut, hervorgegangen aus einem über dem Grab der heiligen Afra im 9. Jahrhundert erbauten Kloster. Das Benediktinerstift war von 1323 bis 1803 Reichsstift. Im Vordergrund links der Herkulesbrunnen, einer der drei erhaltenen prächtigen Springbrunnen, die alle um 1590 bis 1600 an der Hauptstraßenachse Maximilian-Karolinenstraße errichtet wurden.

103 Augsburg, the cathedral of St Ulrich and Afra and the Hercules fountain

The Swabian-Bavarian metropolis, seat of the regional administration of Swabia, and equally important both as cultural centre and industrial town, was originally a Celtic settlement before the Romans set up a camp for their legions here in 15 B.C. This then developed into the settlement "Augusta Vindelicorum", named after the Roman emperor Augustus, which was raised to a "municipium" (self-governing) under Emperor Hadrian.

In the background of the picture is the Benedictine foundation St Ulrich and Afra, built in the year 1012 and developed from a monastery of the C9 which was built over the grave of St Afra. The Benedictine monastery was an imperial foundation from 1323 to 1803. In the left foreground is the Hercules fountain, one of three magnificent fountains which were all erected from roughly 1590 to 1600 on the main axis Maximilian-Karolinenstraße.

103 Augsbourg, la cathédrale Sankt Ulrich und Afra et la fontaine d'Hercules

La métropole souabe et bavaroise, siège du gouvernement bavarois dans la circonscription administrative de Souabe, d'importance égale en ses qualités de centre culturel et industriel, est vraisemblablement, à l'origine, une agglomération celtique sur l'emplacement de laquelle les Romains installèrent un camp de légionnaires vers l'an 15 avant J.C. Celui-ci donna naissance à une cité «Augusta Vindelicorum», d'après le nom de l'empereur romain Auguste, qui fut élevée au rang de «municipium» (qui s'administrait lui-même) sous l'empereur Adrien.

A l'arrière-plan de la photo, la collégiale bénédictine Sankt Ulrich und Afra, construite en 1012, sur l'emplacement d'un monastère édifié au IXe siècle sur la tombe de Sainte Afra. Cette collégiale de Bénédictins a été abbaye impériale de 1323 à 1803. Au premier plan, à gauche, la fontaine d'Hercules, l'une des trois magnifiques fontaines à jet d'eau qui ont toutes été construites, de 1590 à 1600 environ, sur le grand axe routier de la Maximilian-Karolinenstraße.

104 Mindelheim, Pfarrkirche St. Stephan

104 Mindelheim, parish church of St Stephan

104 Mindelheim, l'église paroissiale Saint-Stephan

Gräberfunde bezeugen für die Frühgeschichte Mindelheims ein Alemannendorf (6./7. Jahrhundert). Im Mittelalter war Mindelheim ein fränkischer Königshof, im 11. Jahrhundert kam es zu Speyer, fiel im 14. Jahrhundert zuerst an die Herzöge von Teck, dann an die Herren von Rechberg und schließlich an die Frundsberg, die 1589 ausstarben. Seit 1616 ist Mindelheim mit zwei Unterbrechungen bayerisch: von 1705 bis 1714 kam es durch den Kaiser persönlich nach dem Sieg von Höchstädt an den Herzog von Marlborough, von 1778 bis 1780 war es österreichisch.

Den Neubau der Pfarrkiche St. Stephan unter Valerian Brenner hat übrigens John Churchill, Herzog von Marlborough, im Jahre 1712 in die Wege geleitet. In der Bildmitte ragt der freistehende Glockenturm von St. Stephan auf, dessen Unterbau aus dem Jahr 1419 stammt, während die Obergeschosse mit dem Kirchenneubau errichtet wurden; der Turmhelm wurde im 19. Jahrhundert aufgesetzt.

Grave-findings have proved that Mindelheim began as a village of the Alemanni (C6/7). In the middle ages it was a Franconian royal court, in the C11 it came to Speyer, then in the C14 fell firstly to the dukes of Teck then to the lords of Rechberg and finally to the Frundsbergs who died out in 1589. Since 1616 with two interruptions it has been Bavarian: from 1705 to 1714 it was given personally by the emperor to the Duke of Marlborough after the victory of Höchstädt, and from 1778 to 1780 it was Austrian.

The building of the new parish church St Stephan under Valerian Brenner was put under way by John Churchill, Duke of Marlborough, in the year 1712. In the middle of the picture rises the free-standing campanile, the foundations of which date from the year 1419, whilst the upper storeys were erected at the same time as the new church; the spire was added in the C19.

Des fouilles permettent d'affirmer qu'un village d'Alamans (VIe/VIIe siècle) est à l'origine de Mindelheim. Au Moyen-Age, Mindelheim était une résidence des rois des Francs; au XIe siècle elle fut rattachée à Speyer, puis, au XIVe siècle, elle passa d'abord aux mains des ducs de Teck, puis aux seigneurs de Rechberg et enfin aux Frundsberg, lignée qui s'éteignit en 1589. Depuis 1616, Mindelheim appartient à la Bavière, avec deux interruptions: de 1705 à 1714, à la suite de la victoire de Höchstädt et de par la volonté de l'empereur en personne, elle appartint au duc de Marlborough, et de 1778 à 1780, ce fut un territoire autrichien.

La reconstruction de l'église paroissiale Saint-Stephan, sous la direction de Valerian Brenner, a d'ailleurs été suscitée par John Churchill, duc de Marlborough, en 1712. Au milieu de la photo s'élève le clocher isolé de l'église Saint-Stephan; sa partie inférieure date de l'année 1419 tandis que les étages supérieurs ont été construits lors de la reconstruction de l'église; la flèche a été ajoutée au XIXe siècle.

105 Memmingen, Marktplatz und Rathaus

105 Memmingen, market-place and Town Hall

105 Memmingen, la place du marché et l'Hôtel de Ville

Die ehemalige oberschwäbische Reichsstadt, ursprünglich aus einer alemannischen Siedlung erwachsen, war, an der Salzstraße von Bayern nach der Schweiz gelegen, im 12. Jahrhundert welfisch und staufisch, erhielt 1268 Stadtrecht und 1438 die Reichsfreiheit, die bis zur Einverleibung an Bayern 1802 andauerte. Handel und Tuchherstellung brachten der Stadt einst Wohlstand, der aber in den Kriegen des 17. und 18. Jahrhunderts dahinschwand.

Memmingen hat sein altes Stadtbild bis heute weitgehend bewahren können. Besonders das Rathaus am Marktplatz, das 1589 errichtet und 1765 neu ausgestaltet wurde, fügt sich mit den drei schönen Erkern an der Stirnseite prachtvoll in dieses Stadtbild ein.

The former Swabian imperial town which grew from an Alemanni settlement and lay on the salt-route from Bavaria to Switzerland, belonged to Guelphs and Staufers in the C12, was granted a charter in 1268 and was made an imperial town in 1438, which lasted until the annexation by Bavaria in 1802. At first trade and cloth-making brought the town prosperity, but this faded out during the wars of the C17 and C18.

On the whole Memmingen has been able to preserve its old appearance. In particular the Town Hall on the market-place with its three lovely oriel windows facing the front, which was built in 1589 and newly furnished in 1765, fits splendidly into these surroundings.

L'ancienne ville impériale de Haute-Souabe, née d'une agglomération alamane, était située sur la route du sel reliant la Bavière à la Suisse; elle appartint aux Welf puis aux Staufer au XIIᵉ siècle, obtint le statut de ville en 1268 et celui de ville libre impériale en 1438 qui lui resta jusqu'à son rattachement à la Bavière en 1802. Le commerce et la fabrication de drap apportèrent à la ville une prospérité qui disparut avec les guerres des XVIIᵉ et XVIIIᵉ siècles.

Memmingen a pu conserver jusqu'à notre époque sa physionomie ancienne en grande partie intacte. L'Hôtel de Ville, érigé sur la place du marché en 1589 et remanié en 1765, avec sa façade ornée de trois beaux encorbellements, s'inscrit dans ce tableau d'une manière particulièrement heureuse.

106 Ottobeuren, Inneres der Benediktiner-Klosterkirche zur Hl. Dreifaltigkeit

Auf einer sanften Bodenwelle im Günz-Tal im Kreis Memmingen dehnt sich eine der prächtigsten Klosteranlagen Süddeutschlands aus. Ihre Klosterkirche gehört zu den bedeutendsten barocken Bauwerken Deutschlands. Der Neubau wurde zwischen 1737 und 1766 nach Plänen von Simpert Kramer und danach von Joseph Effner aus München unter dem Baumeister Johann Michael Fischer erbaut. Die Fresken in dem gewaltigen Raum stammen von Johann Jakob Zeiller, der Stuck von Johann Michael Feichtmayr.

»In der Entwicklungsreihe Dießen-Fürstenzell-Zwiefalten«, schreibt Herbert Schindler in seiner »Großen Bayerischen Kunstgeschichte«, »ist Ottobeuren der meisterliche, monumentale, bewegungsgebändigte Schlußakkord.« Über dem Portal zu der mächtigen Kirchenhalle ist zu lesen: »Haec est domus Dei et porta caeli. – Dies ist das Haus Gottes und die Pforte des Himmels.«

106 Ottobeuren, interior of the Benedictine monastery of the Holy Trinity

South Germany's most magnificent monastery spreads itself out on a smooth hillock in the valley of the Günz in the district of Memmingen. Its monastery church belongs to the most important baroque buildings in Germany. The new church was built between 1737 and 1766 to plans by Simpert Kramer and afterwards by Joseph Effner of Munich, under the master builder Johann Michael Fischer. The frescoes in the vast room are by Johann Jakob Zeiller, the stucco by Johann Michael Feichtmayr.

In his book "Große Bayerische Kunstgeschichte" Herbert Schindler wrote: "In the line of development Dießen–Fürstenzell–Zwiefalten, Ottobeuren is the most masterly, monumental and restrained finale." Above the entrance to the mighty hall-church is written: "Haec est domus Dei et porta caeli." – This is the house of God and the gate of heaven.

106 Ottobeuren, l'intérieur de la Sainte-Trinité, église du monastère des Bénédictins

Sur une douce ondulation du terrain dans la vallée de la Günz, dans le district de Memmingen, s'étendent les bâtiments du plus beau monastère d'Allemagne du Sud. L'église conventuelle est le plus important édifice baroque d'Allemagne. La nouvelle construction fut réalisée de 1737 à 1766 d'après des plans de Simpert Kramer, puis de Joseph Effner de Munich, sous la direction de l'architecte Johann Michael Fischer. Les fresques qui ornent cet immense espace sont de Johann Jakob Zeiller, les stucs de Johann Michael Feichtmayr.

Dans son œuvre «Große Bayerische Kunstgeschichte» (La grande histoire de l'art de Bavière), Herbert Schindler écrit: «Dans la série évolutive Dießen-Fürstenzell-Zwiefalten, Ottobeuren est l'accord final magistral, monumental, maîtrise totale du mouvement». Au-dessus du portail ouvrant sur la monumentale salle de l'église, on peut lire: «Haec est domus Dei et porta Caeli» (Voici la demeure de Dieu et la porte des cieux).

Kaufbeuren war, wie Mindelheim, schon im 8. Jahrhundert ein fränkischer Königshof, wurde dann welfisch und staufisch. Schon vor 1230 zur Stadt erhoben, erhielt es 1268 Reichsfreiheit und blieb durch sechs Jahrhunderte eine Freie Reichsstadt, bis es dann 1803 an Bayern kam.

Kaufbeuren, heute industriereicher Sitz und Verwaltung des Landkreises Kaufbeuren im bayerischen Schwaben, an der Wertach gelegen, präsentiert sich auf unserem Bild im Festschmuck des traditionellen »Tänzelfestes« der Kinder. Vom alten Kaufbeuren sind heute noch erhalten Teile der Stadtmauer mit fünf Türmen, die Blasiuskapelle mit einem Schnitzaltar von Jörg Lederer und die Pfarrkirche St. Martin aus dem 15. Jahrhundert (im Bild hinten ihr Turm). In Kaufbeuren geboren ist der Schriftsteller Ludwig Ganghofer.

Like Mindelheim, Kaufbeuren was a Franconian royal court in the C8 then belonged to Guelphs and Staufers. Raised to the status of town before 1230, it was granted imperial freedom in 1268 and remained an imperial town for six centuries until it came to Bavaria in 1803.

Today Kaufbeuren, which lies on the Wertach, is the seat of administration of the district of Kaufbeuren in Bavarian Swabia and an industrial town. In the picture we see it decked out for the traditional "Tänzelfest" (dance festival) of the children. In the old part of Kaufbeuren sections of the town walls with five towers remain, also the Blasius chapel with a carved altar by Jörg Lederer and the parish church of St Martin from the C15 (its tower is in the background). The writer Ludwig Ganghofer was born in Kaufbeuren.

Comme Mindelheim, Kaufbeuren était une résidence des rois des Francs dès le VIIIᵉ siècle, puis passa aux mains des Welf et des Staufer. Elle avait le statut de ville bien avant 1230, devint ville libre impériale en 1268 et le resta pendant six siècles jusqu'à son rattachement à la Bavière en 1803.

Kaufbeuren, actuellement centre industriel et siège de l'administration du district de Kaufbeuren en Souabe bavaroise, située sur la Wertach, apparaît sur notre photo parée de ses atours de fête pour le traditionnel «Tänzelfest» des enfants. De la vieille ville, il reste encore des parties de l'enceinte avec cinq tours, la chapelle à Saint Blasius avec un autel en bois sculpté créé par Jörg Lederer et l'église paroissiale Saint-Martin datant du XVᵉ siècle (on voit son clocher sur la photo, à l'arrière-plan). L'écrivain Ludwig Ganghofer est né à Kaufbeuren.

108 Kempten, ehemalige Benediktiner-Klosterkirche St. Lorenz

Das ursprünglich keltische »Cambodunum«, dann Römerstadt mit Forum, Basilika und Thermen, teilte sich nach dem Alemannensturm mit der Errichtung einer Missionszelle des St. Gallener Mönches Audogar in einen geistlichen Bezirk mit dem späteren Territorium des Fürstenstifts Kempten und in die Bürgerstadt an der Iller, die 1289 ihre Reichsfreiheit erhielt und 1803 an Bayern kam.

Zwischen 1652 und 1666, nach der Vernichtung von Kloster und Kirche im Dreißigjährigen Krieg, entstand der Neubau von St. Lorenz als Klosterpfarrkirche, deren Äußeres sich mächtig über das Stadtgewinkel von Kempten erhebt. Erster Baumeister war Michael Beer aus Vorarlberg, der 1654 den Weiterbau an den Graubündner Johann Serro übertrug. Die helmbekrönten Achteckgeschosse der Turmbauten wurden erst später hinzugefügt.

108 Kempten, former Benedictine monastery of St Lorenz

Kempten was originally the Celtic "Cambodunum", then a Roman town with forum, basilica and baths. After attack by the Alemanni and with the formation of a mission centre by the monk Audogar from St Gallen, it was divided into an ecclesiastical region with the subsequent territory of the bishops of Kempten, and the burgher town on the Iller which received its imperial freedom in 1289 and came to Bavaria in 1803.

Between 1652 and 1666, after the destruction of the monastery and church during the Thirty Years War, the church of St Lorenz was built as parish church of the monastery and rises majestically over the mediaeval irregularity of Kempten. The first master builder was Michael Beer from Vorarlberg who was then succeeded by Johann Sero of Grisons. The octagonal part of the tower and the cupola were added later.

108 Kempten, Saint-Laurent, ancienne église d'un monastere des Bénédictins

D'origine celtique, «Cambodunum» fut ensuite une cité romaine avec forum, basilique et thermes, et, après les invasions des Alamans, elle se divisa en deux; d'un côté la fondation d'une cellule missionnaire du moine Audogar de St. Gallen donna naissance à une circonscription ecclésiastique qui devint par la suite le territoire de la principauté ecclésiastique de Kempten, de l'autre la ville bourgeoise sur l'Iller qui reçut le statut de ville libre impériale en 1289 et fut rattachée à la Bavière en 1803.

Entre 1652 et 1666, après la destruction du monastère et de son église pendant la guerre de Trente Ans, l'église Saint-Laurent fut édifiée pour servir d'église conventuelle et paroissiale et domine aujourd'hui la ville de Kempten. Le premier maître d'œuvre, Michael Beer de Vorarlberg, fut remplacé, en 1654, par Johann Serro, originaire des Grisons, qui continua la construction. Les tours octogonales coiffées de coupoles ont été ajoutées plus tard.

Im Herbst 1805, nachdem Bayern mit Frankreich ein Schutz- und Trutzbündnis geschlossen hatte, erhielt es nach Napoleons Sieg bei Austerlitz weiteren Gebietszuwachs, darunter auch die Inselstadt Lindau im Bodensee, die seither die äußerste Südwestecke des Landes bildet. Lindaus Hafen in seiner heutigen Gestalt, mit dem Leuchtturm und dem steinernen Löwendenkmal an den Enden der beiden Hafenmolen, stammt aus dem Jahr 1856, als der bereits 1811 angelegte Hafen erweitert werden mußte. Den Löwen modellierte der Schwanthaler-Schüler Johann von Halbig, von dem übrigens auch die Löwenquadriga auf dem Siegestor in München stammt.

Lindau war vom 13. Jahrhundert bis zur Einbuße seiner Reichsfreiheit 1805 eine Reichsstadt mit starker Bedeutung als Handelsumschlagplatz für die Schweiz, insbesondere im 14. und 15. Jahrhundert.

In the autumn of 1805 after Bavaria had concluded a "Defence and Offence" pact with France she gained further territory after Napoleon's victory of Austerlitz, including the island town of Lindau on Lake Constance which has formed the extreme south-west corner of the land ever since. The light beacon and the stone lion on the two ends of Lindau's harbour walls date from the year 1856, when the harbour which had been constructed in 1811 had to be enlarged. The lion is by Johann von Halbig, a pupil of Schwanthaler, who also modelled the lion-quadriga on the Siegestor in Munich.

From the C13 until it lost its freedom in 1805, Lindau was an imperial town of great importance as a place of transhipment for trade with Switzerland.

En automne 1805, en raison du traité d'alliance défensive et offensive conclu avec la France, la Bavière s'agrandit de nouveaux territoires après la victoire de Napoléon à Austerlitz, entre autres de la ville insulaire de Lindau sur le lac de Constance qui, depuis cette époque, forme l'extrémité sud-ouest du pays. Le port de Lindau construit en 1811 dut être agrandi en 1856 et fut alors doté de son phare et du lion de pierre sur les extrémités des deux jetées. Le Lion est l'œuvre d'un élève de Schwanthaler, Johann von Halbig qui, d'ailleurs, est également l'auteur du quadrige de lions surmontant le Siegestor de Munich.

Depuis le XIIIe siècle jusqu'à la perte de son statut de ville impériale en 1805, Lindau a été une ville libre d'une grande importance pour les échanges commerciaux avec la Suisse, tout particulièrement aux XIVe et XVe siècles.

110 Immenstadt

110 Immenstadt

Immenstadt am Steigbach gilt als die Eingangspforte zu den Allgäuer Alpen. Seine landschaftlich schöne Umgebung mit dem Kleinen und Großen Alpsee, dem Immenstädter Horn (1490 m) und dem Mittag (1452 m) sind beliebte Attraktionen des bekannten Urlaubsortes.

Schon im Mittelalter war Immenstadt wegen seiner Leinwandmärkte berühmt. Heute wird dort noch ein origineller bayerischer Brauch gepflegt: Ende September, nach dem Almabtrieb, wird der Senner mit dem längsten Bart zum Allgäuer Bartkönig gewählt.

Immenstadt on the Steigbach counts as the entrance to the Allgäuer Alps. The beautiful scenery of its surroundings with the Klein and Groß Alpsee, the Immenstädter Horn (1490 m) and the Mittag (1452 m) are favourite attractions of this well-known holiday resort.

Immenstadt was already known in mediaeval times for its linen markets. Today an old Bavarian custom is still preserved: at the end of September, after the cows are brought down from the high pastures, the herdsman with the longest beard is chosen as "Beard King" of Allgäu.

Immenstadt sur le Steigbach est considérée comme la porte des Alpes de l'Allgäu. Ses environs se distinguent par la beauté des paysages avec ses lacs, Kleiner et Großer Alpsee, et ses sommets, l'Immenstädter Horn (1490 m) et le Mittag (1452 m), qui sont les attractions préférées de ce centre de villégiature.

Dès le Moyen-Age, Immenstadt était célèbre comme marché de la toile. A notre époque, on y observe encore une coutume bavaroise originale: fin septembre, après la descente des troupeaux, le fromager à la barbe la plus longue est élu roi des Barbus de l'Allgäu.

Auch das zwischen Iller und Ostrach in einem weiten Tal liegende Städtchen Sonthofen ist als Mittelpunkt des Oberallgäus ein sehr günstiger Ausgangspunkt für viele Wanderungen und Hochtouren, die sich von dort aus in die Allgäuer Alpen anbieten.

Sonthofens erste Besiedlung geht auf das 7. Jahrhundert zurück, als es noch Grundbesitz des Klosters St. Gallen war. Dieses ältere Ortswesen mit dem Namen »Nordhovun in pago Albegauge« verband sich später mit dem jüngeren Sont-(d. h. Süd-)hofen, dessen Grundeigentümer im 13. Jahrhundert die Herren von Rettenberg, dann die von Heimenhofen waren, an die die Burg Fluhenstein heute noch als Ruine am Nordrand der Stadt erinnert. Ab dem Jahr 1466 zählte Sonthofen zum Hochstift Augsburg.

The little town of Sonthofen which lies in a broad valley between the Iller and the Ostrach, right in the centre of Upper Allgäu, is a very convenient starting point for many walks and mountain climbs in the Allgäuer Alps which can be easily reached.

The first settlement of Sonthofen goes back to the C7 when it still belonged to the lands of the monastery of St Gallen. This old settlement with the name "Nordhovun in pago Albegauge" was later joined to the younger Sont- (south)hofen which was the property of the lords of Rettenberg, then those of Heimenhofen whose memory is perpetuated by the ruins of the castle of Fluhenstein on the north edge of the town. After 1466 Sonthofen became the property of the bishopric of Augsburg.

Située dans un large synclinal, entre l'Iller et l'Ostrach, la petite ville de Sonthofen, centre d'attraction du haut Allgäu, est également un point de départ privilégié pour de nombreuses randonnées et expéditions en altitude dans les Alpes de l'Allgäu.

La première agglomération sur l'emplacement de Sonthofen remonte au VIIe siècle alors que c'était encore un domaine du monastère de St. Gallen. Cette première cité du nom de «Nordhovun in pago Albegauge» se réunit plus tard à la localité moins ancienne de Sonthofen («Sont-», c'est-à-dire «sud») dont les propriétaires fonciers étaient, au XIIIe siècle, les seigneurs de Rettenberg, puis ceux de Heimenhofen dont la présence se perpétue jusque de nos jours par le burg Fluhenstein, une ruine à la limite nord de la ville. A partir de l'année 1466, Sonthofen fit partie de l'évêché d'Augsbourg.

Das schiefe Dach des Hohen Ifen (2230 m) ragt weithin sichtbar aus der zerklüfteten Region des »Gottesackers« empor, einer Hochfläche im Kleinwalsertal, deren Gesteinsformen zu den interessantesten der Nördlichen Kalkalpen gehören.

»Was das Plateau des Gottesackers angeht«, schrieb Hans Modlmayr, der Pionier der Allgäuer Alpen, »bietet sich dem Touristen eine verblüffende Welt. Es ist ungefähr, als wenn ein spaltenreicher Gletscher plötzlich zu Stein erstarrt wäre. Überall gähnen Schlünde und Klüfte, die mit den wunderlichsten Steingestalten besät sind.« Tatsächlich weist die »Gottesacker«-Region noch heute mehrere Hohlräume aller Größen auf, sogar bis zu hundert Meter Tiefe (Hölloch im Mahdtal), und überall begegnet man großen Trichtern mit zackigen Rändern.

The sloping roof of the Hoher Ifen (2230 m) can be seen from afar towering above the rugged region of the "Gottesacker", a high plateau in the Kleinwalser valley, where the rock formations belong to the most interesting in the northern limestone Alps.

The pioneer of the Allgäuer Alps, Hans Modlmayr wrote: "Concerning the plateau of the Gottesacker, it presents the tourist with an astounding sight, rather as if a glacier full of crevices were suddenly turned to stone. Everywhere fissures and chasms yawn which are strewn with marvellous stone figures." In actual fact the Gottesacker ("graveyard") region still contains many cavities of various sizes even up to a hundred metres deep (Hölloch in the Mahd valley), and everywhere one finds great craters with jagged edges.

La plate-forme inclinée du Hoher Ifen (2230 m), visible de loin, s'élève au-dessus de l'étendue crevassée du «Gottesacker», un haut plateau dans le Kleinwalsertal, dont les roches présentent les configurations parmi les plus intéressantes que puisse offrir le nord des Alpes calcaires.

«En ce qui concerne le plateau du Gottesacker», écrivait Hans Modlmayr, le pionnier des Alpes de l'Allgäu, «c'est un monde saisissant qui s'offre au touriste. C'est à peu près comme si un glacier crevassé de toutes parts avait été soudain pétrifié. Partout bâillent des gouffres et des abîmes et il est semé de silhouettes de pierre aux formes les plus surprenantes.» En effet, le plateau du «Gottesacker» est, aujourd'hui encore, crevassé de cavités de toutes tailles, allant même jusqu'à cent mètre de profondeur (Hölloch dans le Mahdtal) et, partout, on rencontre de grands entonnoirs à la bordure dentelée.

Durch Veranstaltungen wie die alle drei Jahre stattfindende Internationale Skiflugwoche ist Oberstdorfs Bedeutung als einer der größten Wintersportplätze Europas geprägt worden. Das »oberste Dorf« des Allgäus, das – im Quellgebiet der Iller – auch gleichzeitig das am weitesten südlich gelegene bundesdeutsche Stadtwesen darstellt, ist aber auch berühmt als heilklimatischer Kurort.

Zu den wichtigsten bergtouristischen Zielen um Oberstdorf gehört die Mädelegabel (2649 m), der Freibergsee und das Nebelhorn (2224 m), zu dem das längste Seilbahnsystem Deutschlands hinaufführt; die Breitachklamm zwischen Oberstdorf und Tiefenbach ist Europas tiefste Bachschlucht.

113 Oberstdorf

Oberstdorf's reputation as one of the biggest winter sports centres in Europe has become established through events like the triennial International Ski-jumping Week. Lying in the region of the source of the Iller, the "highest village" (oberste Dorf) of the Allgäu, which is also the most southerly township of Germany, is famous as a health resort on account of its climatic properties.

Among the most important destinations for mountain hikes around Oberstdorf are the Mädelegabel (2649 m), the Freibergsee and the Nebelhorn (2224 m) which can be reached by the longest cable railway system in Germany; the Breitachklamm between Oberstdorf and Tiefenbach is Europe's deepest river gorge.

113 Oberstdorf

Grâce à des manifestations comme la Semaine Internationale de Saut à Ski, qui a lieu à Oberstdorf tous les trois ans, cette agglomération s'est acquis la réputation d'une des plus grandes stations de sports d'hiver en Europe. Le «village le plus élevé» (das oberste Dorf) de l'Allgäu, qui est aussi – dans la région des sources de l'Iller – l'agglomération urbaine, la plus méridionale en Allemagne, est également célèbre pour les effets bénéfiques de son climat.

Parmi les sites touristiques les plus importants dans les montagnes des environs d'Oberstdorf figurent la Mädelegabel (2649 m), un lac, le Freibergsee, et le Nebelhorn (2224 m) dont l'accès est assuré par le système de funiculaires le plus long d'Allemagne; les gorges de la Breitach (Breitachklamm), entre Oberstdorf et Tiefenbach, sont les gorges les plus profondes d'Europe creusées par un ruisseau.

Ab dem Jahr 1291 sind die »Walser« aus dem oberen Wallis aus der Schweiz in das unweit von Oberstdorf liegende reizvolle Kleinwalsertal eingewandert, das eigentlich politisch zu Österreich (Vorarlberg) gehört, aber seit 1891 dem deutschen Zollgebiet angeschlossen worden ist.

Von den einstigen Walsern sind Sitten und Bräuche bis auf die heutigen Nachfahren im Kleinwalsertal überkommen, wenn auch die alte Walser-Volkstracht mit den bunt und üppig bestickten schwarzsamtenen Bändern heute nur noch bei besonders festlichen Gelegenheiten getragen wird.

From the year 1291 onwards, the "Walser" from the upper Wallis in Switzerland emigrated to the delightful Kleinwalser valley which lies not far from Oberstdorf. It actually belongs politically to Austria (Vorarlberg) but since 1891 has been annexed to the German customs territory.

The manners and customs of the original Walser have been handed down to the present generation in the Kleinwalser valley, even if the old Walser folk-costume with its richly embroidered black velvet ribbons is only worn on particularly festive occasions nowadays.

Les habitants de cette région, les «Walser» sont venus du haut Valais suisse, à partir de 1291, et ont occupé la charmante région du Kleinwalsertal, non loin d'Oberstdorf, région qui, politiquement, appartient en fait à l'Autriche (Vorarlberg) mais qui a été rattachée au territoire douanier allemand en 1891.

Les «anciens Valaisans» ont transmis leurs mœurs et leurs coutumes à leurs descendants du Kleinwalsertal qui les observent aujourd'hui encore même si l'ancien coutume valaisan, avec ses rubans de velours noir aux riches broderies multicolores, n'est plus porté qu'à l'occasion de fêtes particulièrement solennelles.

115 Höhenwanderung bei Oberstdorf mit Blick zum Schneck

115 Mountain hike near Oberstdorf with view of the Schneck

115 Randonnée en altitude, près d'Oberstdorf, avec vue sur le Schneck

In den Talkessel, in dem Oberstdorf liegt, münden sieben Seitentäler, die alle zu ausgedehnten Wanderungen und Hochtouren einladen. Das gut markierte Wegenetz rings um Oberstdorf ist etwa 50 Kilometer lang.

Von einem dieser Wege aus, dem bekannten Heilbronner Weg, hat der Bergwanderer in zweitausend Meter Höhe einen herrlichen Rundblick über die Allgäuer Alpen, auch – wie in der Aufnahme zu sehen ist – zu dem bizarr aufragenden Gipfel des Schneck (2268 m) im Hintergrund des Bildes. Wer den höchsten Punkt des Schneck erwandern will, muß allerdings auf dem letzten Stück mit einer kurzen Kletterei über einen Felsaufschwung und den folgenden schmalen Grat rechnen.

Seven side valleys lead into the basin in which Oberstdorf lies, all of which are suitable for long walks and mountain hikes. The well-signposted network of paths around Oberstdorf is about 50 kilometres long.

From one of these paths, the well-known Heilbronner Weg, the mountain hiker has a marvellous all-round view from a height of 2000 metres over the Allgäuer Alps, also –which can be seen in the photo – to the bizarre summit of the Schneck (2268 m) in the background. Whoever wishes to reach the highest point of the Schneck must however be prepared to climb the last part up the rock and the narrow ridge which follows.

Oberstdorf est situé dans une cuvette où aboutissent sept vallées offrant toutes la possibilité de faire de longues randonnées et expéditions en montagne. Oberstdorf est le centre d'un réseau de chemins bien jalonnés comptant environ 50 kilomètres de longueur.

De l'un de ces chemins, le célèbre Heilbronner Weg, à deux mille mètres d'altitude, on a un magnifique panorama offert par les Alpes de l'Allgäu et par – comme le montre la photo – la silhouette bizarre du sommet du Schneck (2268 m) à l'arrière-plan de la photo. Mais si l'on veut gagner le point le plus élevé du Schneck, il faut être prêt à faire l'escalade d'un escarpé rocheux, juste au-dessous du sommet, puis franchir l'étroite arête qui suit.

Das ebenso als Luftkurort wie als Wintersportplatz bekannte Pfronten im Tal der Vils besteht eigentlich aus dreizehn kleinen Ortschaften am Alpenrand (»ad *frontes* Alpium Juliarum«), die zum Teil weit auseinanderliegen und sich über ein Gebiet von etwa sieben Kilometer Länge und vier Kilometer Breite erstrecken.

Beherrschend über die Ortsteile ragt der sehr hohe Barockturm (1749 vollendet) der Pfarrkirche St. Nikolaus in Pfronten-Berg empor, zu Füßen des Falkensteins, auf dem heute noch eine Ruine von der Burg Falkenstein zeugt, die seit 1290 den Pfleger des Augsburger Hochstiftes beherbergte, zu dem Pfrontens Ortsteile gehört haben. Eine bizarr-romantische Neubauplanung der Burg, die Max Schultze im Auftrag König Ludwigs II. von Bayern ausführen sollte, kam nicht über das Modell hinaus.

Pfronten in the valley of the Vils, as famous for its healthy climate as its winter sports, actually consists of thirteen small villages on the edge of the Alps ("ad *frontes* Alpium Juliarum"), some of which lie far apart and are spread out over a region about seven kilometres long and four kilometres wide.

The high baroque tower (completed 1749) of the parish church of St Nicholas in Pfronten-Berg dominates the area at the foot of the Falkenstein on which the ruins of the castle of Falkenstein still stand, after 1290 the dwelling of the custodians of the bishopric of Augsburg to which the various parts of Pfronten belonged. A bizarre romantic replanning of the castle which Max Schultze was supposed to carry out for King Ludwig II of Bavaria never got further than the model.

Pfronten, agglomération tout aussi réputée comme station climatique que comme station de sports d'hiver, dans la vallée de la Vils, est en réalité constituée de treize petites localités au pied des Alpes («ad *frontes* Alpium Juliarum») qui sont parfois assez éloignées les unes des autres et s'étendent sur une région de sept kilomètres de longueur et de quatre kilomètres de largeur.

Au-dessus des différentes parties de l'agglomération s'élève la très haute tour baroque (terminée en 1749) de l'église paroissiale St. Nikolaus à Pfronten-Berg, au pied du Falkenstein où se trouvent les ruines du burg Falkenstein. Ce château-fort fut, à partir de 1290, la résidence de l'administrateur de l'évêché d'Augsburg dont dépendait Pfronten. Un projet de reconstruction du château, d'un romantisme étrange, et dont le roi Louis II de Bavière aurait confié l'exécution à Max Schultze, ne dépassa jamais le stade de la maquette.

Zwischen Füssen und Nesselwang liegt der moorige Weißensee, etwa zweieinhalb Kilometer lang und siebenhundert Meter breit. Im Süden grenzt er an die Vorberge der Lechtaler Alpen, an seinem Nordrand öffnet sich die schwäbische Hügellandschaft mit ihren bewaldeten Höhen und sanften sonnigen Hügeln. Unser Bild zeigt sehr schön den besonderen Reiz dieser Landschaft vor der Silhouette der fernen Bergkette mit dem Hohen Straußberg (1934 m, links) und der Pyramide des Säuling (2047 m, rechts).

Between Füssen and Nesselwang lies the marshy Weißensee, about two and a half kilometres long and seven hundred metres wide. To the south it skirts the foothills of the Lechtaler Alps, to the north it is open to the wooded heights and sunny slopes of the Swabian hills. Our picture shows clearly the particular attraction of this scenery in front of the silhouette of the distant mountain chain with the Hohen Straußberg (1934 m, left) and the pyramid of the Säuling (2047 m, right).

Entre Füssen et Nesselwang, un lac marécageux, le Weißensee, s'étend sur deux kilomètres et demi de longueur et sept cents mètres de largeur. Au sud, il lèche le pied des contreforts des Alpes du Lechtal, sur sa rive nord s'ouvre le paysage ondulé de la Souabe avec ses hauteurs boisées et ses douces collines ensoleillées. Notre photo montre admirablement bien le charme particulier de ce paysage avec, dans le lointain, la chaîne de montagnes où pointent le Hoher Straußberg (1934 m, à gauche) et la pyramide du Säugling (2047 m, à droite).

118   Füssen, Kirche und ehemaliges Kloster St. Mang

Im römischen Staatshandbuch des späten 4. Jahrhunderts (Notitia dignitatum) ist Füssen als Foetibus genannt, weil es am Austritt der Via Claudia Augusta aus dem Gebirge in das Vorland liegt. Der heutige Ort entstand mit einer im 8. Jahrhundert von dem St. Gallener Missionar Magnus, einem irischen Mönch, erbauten Kapelle, die im 9. Jahrhundert zum Kloster St. Mang erweitert wurde. Zuerst von den Welfen, dann von den Staufern bevogtet, fiel Füssen 1313 als Pfandschaft an die Augsburger Bischöfe, bei denen es bis zur Säkularisation verblieb.

Kunsthistorisch besonders bedeutsam ist die frühromanische Krypta der Abteikirche des Klosters von St. Mang. Diese Abteikirche ist der erste große Kirchenbau des Allgäuer Baumeisters Johann Jakob Herkomer (1696–1717).

118   Füssen, church and former monastery of St Mang

In the Roman Imperial Manual of the late C4 (Notatia dignitatum) Füssen is called Foetibus, since it lies at the exit of the Via Claudia Augusta from the mountains into the foreland. The present town began with a chapel erected in the C8 by Magnus, an Irish monk who was a missionary from St Gallen, which was then extended in the C9 into the monastery of St Mang. At first kept in tutelage by the Guelphs then by the Staufers, Füssen was mortgaged as security to the bishops of Augsburg in 1313, in whose possession it remained until the Secularization.

The early Romanesque crypt of the church of the monastery of St Mang is of particular interest to art historians. This abbey is the first large ecclesiastical building of the Allgäuer master builder Johann Jakob Herkomer (1696–1717).

118   Füssen, l'église et l'ancien monastère St. Mang

Dans les «Notitia dignitatum» de la fin du IVe siècle, Füssen est mentionnée sous le nom de Foetibus car cette localité est située au point où la via Claudia Augusta quitte les montagnes et entre dans le glacis préalpin. L'origine de l'agglomération est due à la construction d'une chapelle par un moine irlandais, le missionnaire Magnus de St. Gallen, au VIIIe siècle, chapelle qui, agrandie au IXe siècle, donna naissance au monastère St. Mang. Dépendant d'abord des Welf, puis des Staufer, Füssen fut donnée en gage aux évêques d'Augsburg dont elle dépendit jusqu'à la sécularisation.

L'histoire de l'art accorde une importance particulière à la crypte début du roman de l'abbatiale du monastère de St. Mang. Cette abbatiale est le premier grand édifice religieux d'un architecte originaire de l'Allgäu, Johann Jakob Herkomer (1696–1717).

Das bei Füssen zwischen dem Alp- und dem Schwansee 1833 als Sommersitz des Kronprinzen Maximilian, des späteren Königs Max II. von Bayern (ab 1848), im neugotischen Stil von Josef Daniel Ohlmüller und Georg Friedrich Ziebland nach Entwürfen von Domenico Quaglio erbaute Schloß Hohenschwangau wurde auf den Grundmauern der einstigen Stauferburg Schwanstein errichtet. Auf dieser hatte sich im Jahre 1267 der letzte Staufer, Konradin, vor seiner verhängnisvollen Reise nach Italien von seiner Mutter verabschiedet.

Das Äußere des Schlosses beherrscht der wuchtige viertürmige Würfel des Palas, aber im Detail spiegelt sich das Empfinden der bürgerlichen Romantik des 19. Jahrhunderts wider. Der Maler Moritz von Schwind hat zu einigen Bildern in den Sälen des Schlosses die Entwürfe geliefert. Im Schloßgarten, auf einer Terrasse, steht der Schwanenbrunnen, den der Bildhauer Ludwig Schwanthaler geschaffen hat.

Between the Alpsee and the Schwansee lies Hohenschwangau, a castle built in the neo-Gothic style in 1833 by Joseph Daniel Ohlmüller and Georg Friedrich Ziebland after designs by Domenico Quaglio. It was erected on the foundations of the former Staufer castle of Schwanstein as a summer residence for the Crown Prince Maximilian, afterwards King Max II of Bavaria (from 1848). Here the last Staufer, Konradin, bade farewell to his mother before his ill-fated journey to Italy in 1267.

The exterior of the castle is dominated by the massive square four-towered residential tract, but the romanticism of the C19 is reflected in the details. The painter Moritz von Schwind provided the drafts for several paintings in the halls of the castle. On one of the terraces in the castle gardens stands the swan fountain by the sculptur Ludwig Schwanthaler.

Le château de Hohenschwangau, édifice en style néogothique situé entre deux lacs, l'Alpsee et le Schwansee, a été construit en 1833, par Josef Daniel Ohlmüller et Georg Friedrich Ziebland d'après des esquisses de Domenico Quaglio, pour servir de résidence d'été au prince héritier Maximilien, le futur roi Max II de Bavière (à partir de 1848). Le château a été élevé sur les fondations de l'ancien burg Schwanstein, résidence des Staufer, où le dernier d'entre eux, Conradin, avait pris congé de sa mère en 1267 avant d'entreprendre son funeste voyage en Italie.

De l'extérieur, l'élément dominant est bien le bloc massif du Palas à quatre tours, mais dans les détails, on retrouve la sensibilité du romantisme bourgeois du XIXᵉ siècle. Quelques peintures ornant les salles du château ont été réalisées d'après des esquisses du peintre Moritz von Schwind. Dans le parc du château, sur une terrasse, on trouve la Fontaine du Cygne, œuvre du sculpteur Ludwig Schwanthaler.

120   Schloß Neuschwanstein mit Alpsee

Im Jahre 1867 hatte König Ludwig II. von Bayern Versailles und die Wartburg besucht. Danach wollte er beide Vorbilder in eigenen Bauten, sein Versailles und seine Wartburg haben. Zum Bau der letzteren wurde eine der Schwangauer Ruinen, das ehemalige Vorderschwangau, abgetragen und ab 1868 unter den Baumeistern Eduard Riedel, Georg Dollmann und Julius Hofmann ein neuer Burgbau errichtet, zu dem der Theatermaler Christian Jank nach den Ideen des Königs die Pläne lieferte. Der Bau wurde als Neu-Hohenschwangau errichtet und blieb nach dem rätselhaften Tod des Märchenkönigs 1886 unvollendet. Der heutige Name Neuschwanstein kam erst ab 1890 auf.

120   Schloß Neuschwanstein with the Alpsee

In 1867 King Ludwig II of Bavaria visited Versailles and the Wartburg. Afterwards he wanted to have both ideals for himself, his own Versailles and his own Wartburg. In order to build the latter, one of the Schwangau ruins, the former Vorderschwangau, was pulled down and from 1868 onwards a new castle was built under Eduard Riedel, Georg Dollmann and Julius Hofmann to plans by the stage designer Christian Jank after the king's own ideas. The building was known as Neu-Hohenschwangau and remained unfinished after the mysterious death of the king in 1886. The name Neuschwanstein first came into use after 1890.

120   Le château de Neuschwanstein et l'Alpsee

En 1867, le roi Louis II de Bavière avait visité Versailles et la Wartburg. Ceci engendra son désir d'avoir son propre Versailles et sa propre Wartburg en faisant construire des châteaux d'après ces modèles. Ce dernier fut réalisé sur l'emplacement d'une des ruines de Schwangau, de l'ancienne Vorderschwangau qui fut rasée et la construction du nouveau château fut dirigée par les architectes Eduard Riedel, Georg Dollmann et Julius Hofmann d'après des plans que le décorateur de théâtre Christian Jank avait faits sur des idées du roi. La construction reçut le nom de Neu-Hohenschwangau et resta inachevée après la mort mystérieuse (en 1886) de ce roi de contes de fées. Le nom actuel, Neuschwanstein, ne lui fut donné qu'à partir de 1890.

Die umfassende Dokumentation bayerischer Geschichte und Kultur.

Kassette 1
Herausgegeben von Alois Fink, 1225 Seiten mit 168 Zeichnungen von Paul Ernst Rattelmüller.
Band 1: Entdeckungen und Wanderungen
Band 2: Verborgene Heimat
Band 3: Porträts aus acht Jahrhunderten
Band 4: Wallfahrtskirchen und Gnadenstätten
Band 5: Burgen, Schlösser, Residenzen

Kassette 2
Herausgegeben von Alois Fink, 1230 Seiten.
Band 6: Das Komödi-Spielen
Band 7: Land der Franken
Band 8: Bilder aus der bayerischen Geschichte
Band 9: Städte am Fluß
Band 10: Bayern in Europa

Kassette 3
Herausgegeben von Peter Kritzer, 800 Seiten.
Band 11 und 12: Politik, Staat und Kirche
Band 13: Die kleinen Leute
Band 14: Das geistige Leben
Band 15: Die Wirtschaft

Süddeutscher Verlag